安徽师范大学学术著作出版

陆　娟 / 编著

中外舞蹈名家传略

ZHONGWAI WUDAO MINGJIA ZHUANLUE

安徽师范大学出版社

·芜湖·

图书在版编目(CIP)数据

中外舞蹈名家传略 / 陆娟编著.—芜湖:安徽师范大学
出版社,2017.3 (2025.1 重印)
ISBN 978-7-5676-2750-5

Ⅰ.①中… Ⅱ.①陆… Ⅲ.①舞蹈家－列传－世界
Ⅳ.①K815.76

中国版本图书馆CIP数据核字(2017)第034294号

中外舞蹈名家传略　　　陆　娟　编著

责任编辑:何章艳
装帧设计:陈　爽
出版发行:安徽师范大学出版社
　　　　　芜湖市九华南路189号安徽师范大学花津校区
网　　址:http://www.ahnupress.com/
发 行 部:0553-3883578　5910327　5910310(传真)
印　　刷:阳谷毕升印务有限公司
版　　次:2017年3月第1版
印　　次:2025年1月第2次印刷
规　　格:965 mm×1270 mm　1/32
印　　张:7.625
字　　数:192千
书　　号:ISBN 978-7-5676-2750-5
定　　价:62.00元

如发现印装质量问题,影响阅读,请与发行部联系调换。

前　言

据史料记载，自远古时期就产生了舞蹈艺术。艺术来源于生活，人们在与野兽、部落和大自然斗争等活动中，产生了狩猎舞、征战舞和生殖崇拜舞等舞蹈。随着时代的发展，这些自发产生的舞蹈逐渐形成了独立的舞蹈艺术门类，也诞生了众多的舞蹈家。舞蹈家在这一行业中起到非常重要的作用，他们在继承前人成果的基础上，用自己的创造力和才华谱写了舞蹈的历史，舞蹈史在他们的引领下呈现出强烈的时代特征或个人风格。

纵观历史，每一位舞蹈家都有其过人之处。比如，法王路易十四作为一位封建时代的君主，由于他的个人喜好推动了芭蕾艺术的独立发展，在他的支持下建立的皇家舞蹈学院是世界上最早培养职业芭蕾舞者的摇篮，而今世界通用的芭蕾术语也是源于那个时代；美国舞蹈家伊莎多拉·邓肯，在芭蕾的发展陷入僵化的时候，率先打破禁锢，高呼"芭蕾一点也不美"，并赤着脚奋力挥动手臂，向人们展示了一个充满革命和自由精神的舞者形象；舞蹈理论家拉班，以高度理性和严谨的科学精神，为世人留下了"拉班舞谱"这一可以准确记录舞蹈动作的方法，同时用"人体动律学"开启了人们对于人体小宇宙的研究。还有以完美舞蹈形象给观众带来美感享受的安娜·巴甫洛娃，以自由、古朴风格的现代舞给人带来灵魂震颤的玛丽·魏格曼,以舞蹈启发和鼓舞人们为正义而斗争的吴晓邦,用舞蹈揭示人类心灵的土方巽和玛莎·格莱姆,用舞蹈鞭挞战争、批判虚伪统治者的库特·尤斯……

舞蹈来自生活,在数千年的发展历史中,舞蹈一直发挥着反映生活、反映大自然以及鼓舞人们为生存而战的作用。舞蹈家不是舞台上供人消遣娱乐的演员,而是通过舞蹈促进人类文明进步的艺术家、思想家和哲学家。他们运用肢体语言对社会以及人类本身进行积极探索,并以舞蹈的方式呈现给世人,在将舞蹈这门艺术推向新里程的同时,更给人以精神的鼓舞和警醒。

本书介绍了世界范围内的四十三位对舞蹈历史做出突出贡献的人物,希望以此加深读者对舞蹈以及舞蹈家的了解。另外,本书在编写过程中引用了一些资料及著作,限于篇幅,未一一注明出处,在此谨向这些著作权人表示感谢。

目录

切凯蒂流派创始人——切凯蒂

生卒年:1850—1928

国籍:意大利

成就:世界古典芭蕾两大体系之一——"切凯蒂芭蕾训练体系"的创始人

芭蕾源于15世纪文艺复兴时期的意大利,16—19世纪在法国得到了长足的发展,到19世纪下半叶辉煌于俄国和丹麦,如今在世界范围内已遍地开花。就基础而言,它主要是意大利切凯蒂和丹麦布农维尔两大体系,分别继承意大利与法国的芭蕾传统。英国皇家芭蕾舞团的演员多出自切凯蒂的门下,而俄国芭蕾同样传承自切凯蒂体系。所以可以说,在世界芭蕾领域里,各大芭蕾流派的基础大都相同,只是风格各异。

目前,世界上的芭蕾有意大利、法国、俄国、丹麦、美国、英国六大流派的划分。英国芭蕾和俄国芭蕾是切氏训练方法的继承者,美国芭蕾又是俄国芭蕾的继承者,所以意大利、英国、俄国、美国芭蕾同属于切凯蒂体系,而丹麦和法国芭蕾则同属于法国体系,所以说,意大利和法国传统的芭蕾是如今各芭蕾体系的主要来源?那么,切凯蒂是谁呢?

恩里科·切凯蒂,1850年6月21日生于罗马的一个舞蹈世家。他从小受益于父母的言传身教,5岁便开始登台演出。尽管他的父亲并不希望他长大后从事舞蹈事业,但是由于他对舞蹈的痴迷,父亲不得不在他13岁那年,将他送到佛罗伦萨的名师——吉奥瓦尼·莱普里门下学习舞蹈。莱普里早年曾是意大利芭蕾名师布拉西斯的高徒,他治学严谨,教学规范,让切凯蒂扎实地掌握了意大利学派芭蕾。

16岁时,切凯蒂同他的胞姐搭档,在父亲创作的舞剧《尼科洛与拉彼》中首次作为专业演员登台。随后在短短的几年间,他跳遍了整个意大利。20岁时,切凯蒂进入米兰斯卡拉歌剧院,主演了波里(布拉西斯的学生)的芭蕾舞剧《沃尔哈拉的上帝》,并以一口气32个"二八位原地转"(一条腿向外侧拉开,另一条腿着地支撑的原地旋转)赢得了观众的喝彩(该技术后来成为世界各地芭蕾男演员的必选动作)。切凯蒂的弹跳力也非同一般,能一次跃起在空中两脚相互击打八次后落地。尽管技能高超,但切凯蒂也有不为人知的弱点,那就是他的旋转只能朝一个方向做,换个方向就无法准确完成了,因此,他在日后做教师时,特别强调所有动作左右两个方向的练习,并告诫学生:"不要做一个一条腿的舞蹈演员!"

成年后的切凯蒂还应邀去了丹麦、瑞典、荷兰、挪威、德国、奥地利等一些欧洲国家的舞团担任舞蹈演员。1878年,切凯蒂娶了同是莱普里学生、曾是自己舞伴的西尼奥里纳·朱塞平娜·德玛利亚为妻,并生了三个孩子。

19世纪中下叶,随着俄国芭蕾的崛起,西欧艺术家们纷纷涌入俄国,切凯蒂也于1887年抵达圣彼得堡阿尔卡蒂亚剧院进行演出。他在1890年受聘于圣彼得堡皇家剧院,任享有俄国"古典芭蕾之父"美名的法国籍编导大师马里于斯·佩蒂帕的助理编导。自1892年起,他开始在该剧院的附属舞蹈学校教学。他还曾与佩蒂帕和伊万诺夫合作,编排了舞剧《灰姑娘》(1893)中第一、三幕的舞蹈。后因与院方发生冲突,他于1902年离开俄国,前往波兰华沙帝国芭蕾舞校任校长。在向圣彼得堡同仁所做的告别演出中,他与自己的优秀学生特里费洛娃、艾格洛娃、普列奥布拉金斯基和切辛斯卡娅同台献艺,给俄国芭蕾舞蹈界留下了深刻的印象。

切凯蒂在波兰工作的三年间,为波兰建立了舞校和舞团,还排练了自己的多部作品,同时引荐自己的优秀学生特里费洛娃、谢多娃、普列奥布拉金斯基等进入波兰,为波兰的芭蕾事业做了重大贡献。1905年,由于波兰爆发了革命,切凯蒂曾回到意大利,但因不满于意大利的现状,他在一年后又回到圣彼得堡,同年创办了一个小型私立舞蹈学校,由此发展并完善了被后人所赞誉的"切凯蒂芭蕾训练体系"。著名舞蹈家安娜·巴甫洛娃就是在这段时间聘请他做了自己为期三年的私人教师。

1910年,佳吉列夫率领俄罗斯芭蕾舞团从巴黎归来之后,曾聘请切凯蒂在1911—1912年做该团的首席教师,培养了很多明星芭蕾舞者,比如卡尔萨文娜、谢多娃、瓦冈诺娃、高尔斯基、福金、尼金斯基、德瓦卢娃、克拉斯科、马辛、波尔姆、丹尼洛娃、李法等,对西欧芭蕾的复兴起到了很大的作用。

1918年,切凯蒂在伦敦开设了舞蹈学校。在教学过程中,他根据英国学生的特点专门为他们制定了一套很有特点的教学法。该教学法后来由英国舞蹈理论家里尔·波蒙特和伊济科夫斯基合作整理,于1922年在伦敦出版,此书的中文译本名为《古典剧院舞蹈理论和实践手册(切凯蒂体系)》,这就是通常被称为切凯蒂体系的标准教科书。这个体系的特点是对芭蕾的主要动作进行分类和系统的整理,并对每一个动作的要点做细致的讲解,以求通过训练让学员掌握完美精湛的技术。同年,伦敦成立了"切凯蒂学会",后改为"不列颠舞蹈教师协会",负责根据上述体系和教材进行统一的芭蕾教师资格考试。直到现在,这项工作仍在进行,切凯蒂体系对英国乃至世界古典芭蕾有着巨大的影响。

1923年,切凯蒂回到米兰,1925—1928年,任意大利皇家芭蕾舞学校校长,并兼任米兰斯卡拉歌剧院芭蕾舞团艺术指导,直至1928年11月13日在米兰去世。

切凯蒂舞蹈技艺高超,虽没有留下惊世的舞剧作品,但其教学成就是举世瞩目的,这从他众多著名的学生名录中就可以看出。因此,切凯蒂不仅是俄国、英国芭蕾史,也是世界芭蕾艺术发展史上具有巨大贡献的人物之一。

舞蹈的上帝——维斯特里

生卒年：1728—1808

国籍：意大利

成就：18世纪的著名舞蹈艺术家，被同时代的人称为"舞蹈的上帝"

萌芽于 15 世纪意大利的芭蕾,经过 16、17 世纪法国的大力发展,到了 18 世纪,已经取得了一定的成果,比如规定了芭蕾的五个脚位、腿的外开以及相关的规则要领,产生了席间芭蕾、幕间芭蕾、喜剧芭蕾、歌剧芭蕾等艺术形式。专业芭蕾舞蹈学校的建立,使芭蕾逐渐由业余向职业过渡,原本贵族们的自娱自乐渐渐由专业舞者的职业表演所代替。在这个时期,有一位出类拔萃的舞者俘获了人们的心,他就是加埃唐·维斯特里,被人们称为"舞蹈的上帝"。

　　加埃唐·维斯特里,1728 年 4 月 28 日出生于意大利名城佛罗伦萨。他的父亲托马斯·维斯特里当时在一家当铺里供职,母亲是一个虔诚的基督教徒,家里有八个兄弟姐妹,其中,姐姐泰蕾丝、弟弟安吉奥罗以及加埃唐身材苗条,乐感很好,是跳舞的好苗子。由于工作的原因,托马斯在加埃唐很小的时候就带着一家老小离开佛罗伦萨前往其他城市谋生,意大利的维也纳、米兰,德国的德累斯顿,都留下了维斯特里一家生活过的足迹。

　　1747 年,加埃唐的姐姐泰蕾丝独自前往巴黎寻求发展,凭借着年轻和美貌,她很快在巴黎成为一个名妓。之后,借助泰蕾丝的帮助,维斯特里一家迁往巴黎并定居了下来。1748 年,20岁的加埃唐在姐姐的资助下,进入巴黎歌剧院舞蹈学校跟姐姐一起学习芭蕾。尽管起步较晚,骨骼已经基本定型,但是在名师杜普雷的指点下,通过刻苦的训练,悟性颇高的加埃唐取得了飞速的进步,并在一年后进入巴黎歌剧院做了群舞演员。当时,剧院里只有两个独舞演员,其中一个是加埃唐的老师杜普雷,还有一个是拉尼。两年后,杜普雷退休,加埃唐升级为独舞演员。1753 年,他的弟弟安吉奥罗也从舞蹈学校毕业,加入了巴黎歌剧院群舞的队伍。

　　加埃唐·维斯特里由于出众的身体条件和灵活的头脑,在

18世纪中期为数不多的芭蕾男演员中迅速声名鹊起,《法国信使报》曾经这样评价他:"他的形象总是带有更多的轻松、高贵、轻盈和精确。"尽管通过流传下来的画像我们会发现,长着小眼睛、大鼻子以及大额头的维斯特里可能并不符合想象中的美男子形象,但是,他确实对舞蹈的发展做出了自己的贡献,比如他发展了芭蕾的跳跃和多变的单腿旋转动作,拓展了芭蕾的手位和脚位,通过和情节芭蕾倡导者乔治·诺维尔的合作,发展了芭蕾的戏剧性,等等。一位曾经看过他演出的观众说:"当维斯特里出现在歌剧院的舞台上时,人们的确以为是阿波罗下凡来传授美的课程了,他使舞蹈艺术达到了完美的境地。"因此,维斯特里年纪轻轻就取得了巨大的成功,被同时代的人们称为"舞蹈的上帝"。

在"舞蹈的上帝"光环笼罩下的维斯特里自信心迅速膨胀,他毫不谦逊地接受了这个称呼,并且公开宣称自己是18世纪的伟大人物之一(其他两位分别是普鲁士的腓特烈大帝和法国启蒙思想家伏尔泰)。法国人的狂热追捧将维斯特里的自负彻底释放出来。据说有一次一个妇人不小心踩到了他的脚,在接受完这个妇人虔诚的道歉之后,维斯特里不无遗憾地表示:"您已经使整个巴黎沦入为期两周的悲哀之中!"态度高傲冷漠,令人瞠目结舌。还有一次,在听到一个学生对他的赞美之后,他竟伸出脚去,让学生亲吻他的双脚,以表示对学生礼赞的回应。

作为一个舞者,维斯特里是优秀和完美的,但是他为人骄傲自负到令人难以置信。在巴黎歌剧院任独舞演员期间,他曾多次跟院长闹翻并被开除,但应观众的强烈要求,院长又不得不再次低头邀请他回来,几个回合下来,更加助长了维斯特里骄傲的气焰。

1754年年初,出于利益之争,维斯特里与歌剧院的芭蕾大师拉尼之间爆发了激烈的冲突。迫切想早日取代拉尼位置的维斯特里在争吵中拔出利剑,准备与拉尼进行生死决斗,而拉尼并未应战,只是匆忙离开了现场。几日之后,维斯特里收到了巴黎歌剧院的开除通知,随后就被警方逮捕并送进大牢。作为回应,维斯特里的姐姐和弟弟一起向歌剧院提出了辞职申请。

由于维斯特里在艺术方面的影响力,他在监狱中并未受到不良待遇,相反,他不仅享有单独的公寓,甚至还获准可以在狱中邀请他的朋友们去看望他。他被歌剧院解雇的消息很快传到了欧洲的其他国家,因此,在他出狱前,一份来自德国柏林的高薪聘书已经到了他手上,他的姐姐泰蕾丝和弟弟安吉奥罗也将一同前往。1754年12月,在加埃唐出狱后,维斯特里一家便告别巴黎,前往柏林。

1755年,由于巴黎歌剧院著名男演员彼罗离职,歌剧院处于缺人的境地,维斯特里姐弟三人被再次邀请加入巴黎歌剧院。12月9日,当姐弟三人重新站在歌剧院舞台上演出舞剧《罗朗》的时候,浪漫的巴黎观众给予了他们热情的鼓励。

维斯特里的表演才华已经得到了观众的充分认可,但是他的编导才能不尽如人意。他在离开巴黎歌剧院的那段时间,曾经尝试过编舞,但没能取得成功。在他光辉的艺术生涯中,他编导的两部作品《恩底弥翁》和《鸟巢》,不仅未给他带来一丁点荣誉,反而给了别人讥笑他的机会。维斯特里除了表演方面的成就之外,几乎没有其他才能。他曾经担任巴黎歌剧院舞蹈学校校长,但在教学和管理方面没有天赋,不仅没能培养出一个像样的学生,甚至连学校常规的汇报演出也无法正常进行。

除此之外,维斯特里还有嫉贤妒能的缺点。在巴黎歌剧院有一位叫安娜·海涅尔的演员,是个德国人,不仅长得漂亮,而且拥有扎实的芭蕾技巧,据说芭蕾中单脚旋转技术就是从她开始搬上舞台的,她被观众们称为"舞蹈女神"。受到观众欢迎的海涅尔小姐似乎在无形中对维斯特里造成了不小的威胁,因此,维斯特里总是想尽办法阻止海涅尔在重要的演出中登台。海涅尔对自己受到的不公十分愤慨,而知道真相的观众们也纷纷表示不平,他们在维斯特里登台表演时大声起哄,抗议他的缺德行为。而狭隘好斗的维斯特里并未因此检讨自己,相反,他在演出结束之后,在台下当众高声辱骂海涅尔,两人因此撕破脸皮,从此不再有任何的接触,也拒绝再同台演出。

　　这一对看似老死不相往来的对手,却在一次"歌剧院造反"运动中奇迹般地结成了同盟。1779年,巴黎歌剧院的演员们为了争取自己的权益而联合起来发起造反运动。在这次运动中,演员们取得了一定的胜利,并赢得了想要的权益。同时,维斯特里和海涅尔也由冤家变成了战友,维斯特里趁机向这位虽一直敌对却不敢小觑的对手放低姿态,并狂轰滥炸般地表达了对她的爱慕之情。此时,昔日的"舞蹈女神"也莫名其妙地放下了矜持,甘心做了"舞蹈的上帝"的情人,而这时的维斯特里不仅有女朋友,还有一个叫奥古斯特·维斯特里的19岁儿子!

　　1782年,维斯特里54岁的时候,与海涅尔一起退休,并在10年后的1792年正式结婚。维斯特里与海涅尔原本过着幸福的晚年生活,直到1789年法国大革命爆发。大革命推翻了封建王朝,也切断了歌剧院给予维斯特里夫妇的退休金。为此,除了接受儿子奥古斯特·维斯特里的接济之外,年届70的维斯特里不得不再度登台演出。据记载,1795、1799和1800年,他还曾陪同自己的孙子阿尔芒·维斯特里登台演出。

　　1808年9月23日,在海涅尔去世半年后,加埃唐·维斯特里也离开了人世,享年80岁。老维斯特里虽然离开了,但是他的儿子奥古斯特·维斯特里以及孙子阿尔芒·维斯特里继续在巴

舞蹈的上帝——维斯特里

009

黎的舞台上为观众发挥维斯特里家族的光荣舞蹈传统。尤其是奥古斯特，他曾在巴黎歌剧院工作了几十个年头，并培养出了范尼·埃尔斯勒、朱尔·佩罗等舞蹈明星。

幕间芭蕾的创始人——吕利

生卒年：1632—1687

国籍：意大利

成就：为17世纪法国宫廷芭蕾立下汗马功劳，开创了"幕间芭蕾"和"喜剧芭蕾"的表演形式

吕利,1632年11月28日生于意大利佛罗伦萨一个富足的磨坊主之家,原名乔万尼·巴布蒂斯特·吕利。他的父亲劳伦佐·吕利是个磨坊工人,母亲卡塔琳娜·迪·加布里埃洛·戴尔·塞尔瓦是磨坊主的女儿。吕利从小就乖巧聪明,十分可爱,自童年起跟随一个修道士学习文化和弹奏吉他,并自学小提琴,还曾参加一个流浪艺人团队的巡回演出。1646年,14岁时,他的舞蹈和喜剧天赋被一个骑士发现并被带到巴黎,任法国国王路易十四的堂姐蒙庞谢尔郡主的侍童,主要任务是为她演奏小提琴、吉他并伴舞。

　　吕利独在异乡,举目无亲,但他靠着机智和灵敏为自己赢得了发展的机会。作为郡主的侍童,他一面在杜伊勒里宫中勤恳服务,一面努力向宫中的乐师学习演奏羽管键琴和小提琴,并在舞蹈教师的训练下很快掌握了芭蕾的技巧——他在音乐和舞蹈方面都显露出非同寻常的天赋。他还跟随尼古拉·梅特鲁学习音乐理论。不过几年工夫吕利便在宫廷庆典的音乐和舞蹈表演中崭露头角,初露锋芒。

　　由于在艺术方面的突出造诣,1652年吕利被调入法国宫廷,直接为国王路易十四服务。他为宫中的假面舞会谱写了不少乐曲,并受到宫廷显贵们的格外注目。1953年,他加入了法国王室的弦乐队并担任了总指挥。六年前的那个小侍童已经成长为一个言谈举止彬彬有礼、气质高雅的青年,他的法语已经非常熟练,以至于人们逐渐忘记了他的意大利出身。

　　1653年,吕利在为宫廷狂欢节编导舞蹈《夜芭蕾》时,为自己创造了大量的演出机会,他一人在剧中串演了五个性格迥异的角色。更重要的是,他给国王路易十四量身打造了"太阳王"的角色,让国王在表演中犹如降临人间的神灵宙斯,极大地满足了路易十四的舞台和政治表演需要。演出大获成功,吕利也如愿收获了国王的加倍宠爱和信任。

这台演出开始于头天日落之际，落幕于第二天日出之时，耗时12个小时，声势浩大，壮丽辉煌，演出效果相当精彩和震撼，远超过1581年首演的、被誉为"世上第一部芭蕾"的《皇后喜剧芭蕾》，所以这次演出奠定了吕利在宫廷创作领域的重要地位。随后，在国王的授权下，吕利新组了"小提琴乐团"，并被任命为宫廷御用舞蹈家与音乐家。

1661年，他与戏剧家莫里哀邂逅，两人开始在戏剧上合作。他们先后开创了"幕间芭蕾"和"喜剧芭蕾"的表演形式。幕间芭蕾开始于1661年的一次宫廷庆祝活动。当时的宫廷乐师莫里哀准备演出喜剧作品《讨厌鬼》，但是因为剧团的演员不够多，所以邀请了时任宫廷作曲家和芭蕾大师的吕利为该剧的幕与幕之间增添几段芭蕾，以便为演员们提供足够的换装时间或是弥补即兴表演时的纰漏。由此产生了"幕间芭蕾"，代表作品有《逼婚记》（1664年）、《乔治·唐丹》（1668年）、《贵人迷》（1670年）等。

尽管"幕间芭蕾"和剧情无关，且常常因为它轻松活泼的特点而有喧宾夺主之嫌，但由于受到观众的欢迎而得以保留。就芭蕾来说，在这个阶段还没有取得独立发展的地位，因此，"幕间芭蕾"并没有达到吕利心目中芭蕾表演的理想形式，由此促进了"喜剧芭蕾"的产生。"喜剧芭蕾"和"幕间芭蕾"相似，就是把芭蕾舞剧的各幕或场拆散开来，分别插入喜剧的各幕之间进行演出。为了保持全剧的统一性，吕利在编舞时尽可能让舞蹈和喜剧剧情相互结合，其代表作是1670年与莫里哀合作的《吝啬鬼》。

在早期芭蕾的历史上，吕利的贡献是可圈可点的。比如，在芭蕾创作题材上，他的题材要么来自寓言神话，要么自己构思设计,不再受限于前人对于"三一律"的严格规定,从而使剧的情节具有更加奇幻的色彩和跳跃的节奏;在舞蹈编排上,他反对一系列毫无关系的组舞生硬地连接在一起,而是要在一个统一的主题中有逻辑地展开戏剧情节。另外,他的芭蕾动作线条粗壮,简练清晰,有佛罗伦萨人特有的欢快活泼和流畅自然,毫无宫廷舞蹈的矫揉造作。他的芭蕾音乐,由于全部由他自己完成,具有严格统一性,不再是杂乱的"集体"创作;他的服装设计和剧本编写,也都分别请专人负责,而不会随意更换人员。因此,早期芭蕾的形成和独立发展,尤其得益于吕利对芭蕾创作的这些特别要求。

当然,芭蕾在 17 世纪之后能够得到长足发展,光有以上技术上的改进是不够的。也就是说,它只有突破宫廷贵族的圈子,摆脱业余娱乐项目的帽子,吸纳足够多专业舞者的加入,才能获得长足发展,而最先迈出这一步的还是吕利。1668 年,在路易十四人到中年身体发福之际,吕利和诗人布瓦洛成功劝说他放弃了舞台表演。为了使舞台继续辉煌,吕利花了 13 年的时间,和宫廷舞师一道,培养出了一批女舞蹈家,不仅使芭蕾舞台重新光辉灿烂,还改变了过去男扮女装的习惯。首演于 1681 年 1 月 21 日的《爱神的胜利》标志着吕利在芭蕾发展史上的重大胜利。这是芭蕾进入专业化道路,向着高、精、尖层次发展的肇始。也是在同一年,吕利到达了事业的顶峰,他被路易十四诰封为贵族,改名为让·巴布蒂斯特·德·吕利,并署名"德·吕利先生"。

吕利虽然是个意大利人,但是因为长期生活和工作在法国宫廷剧团里,所以深知宫廷芭蕾的特点和皇室成员的喜好,加上个人的努力,他顺理成章地成了法国宫廷芭蕾的奠基人,17世纪下半叶的芭蕾被史学家们称为"吕利时期"。他巧妙地运用意大利职业喜剧的传统,把作为歌剧插舞的毫无关联的芭蕾集锦演变发展为独立的芭蕾舞剧,将若干段舞蹈节目与剧情联系起来,从而使舞段具有了戏剧性。同时,他很注意音乐与舞蹈的联系,为博尚等舞蹈家提供了能够自由发挥舞艺的芭蕾音乐。他的音乐节奏明快,画面丰富多样,在以后整整一个世纪里常被舞蹈家选用。吕利一生共创作了30多部歌剧和芭蕾舞音乐,为法国芭蕾舞和歌剧的发展奠定了基础。

1687年1月8日,吕利为庆祝国王手术康复,在教堂指挥150人演出《感恩赞》时,不小心把指挥棍上的尖刺戳在了脚趾上,后来伤口溃疡,于3月22日死于败血症,时年55岁。

第一个在足尖上翩翩起舞的人
——玛丽·塔里奥尼

生卒年:1804—1884

国籍:意大利

成就:开创了浪漫主义芭蕾之先河,是第一个在足尖上翩翩起舞的人玛丽·塔里奥尼也许并不是一个天生的舞蹈家,但是她生在一个舞蹈家的家里,因此,注定了她一出生便与芭蕾结下良缘。与其说玛丽·塔里奥尼开启了浪漫芭蕾的时代,不如说是她的父亲——菲利普·塔里奥尼成功延续了自己的芭蕾梦想。

玛丽·塔里奥尼,1804年出生于瑞典首都斯德哥尔摩,父亲菲利普·塔里奥尼是意大利优秀的芭蕾教师和编导家,但玛丽·塔里奥尼的祖父,也就是菲利普·塔里奥尼的爸爸——卡洛儿·塔里奥尼才是这个家族中率先涉足芭蕾圈的。卡洛儿出生于18世纪中叶的都灵,曾经名扬意大利全国各地,还曾经去拿波里教法国将军摩拉手下的士兵们跳舞,后来应法国宫廷的邀请来到巴黎,在法国舞蹈圈发展。菲利普·塔里奥尼则比他父亲还要有成就一些,受其父亲影响,他16岁便在法国开始了自己的职业舞蹈生涯,后进入巴黎歌剧院。1799年9月17日,菲利普和姐姐一起主演了舞剧《沙漠商队》。1803年,菲利普应聘来到瑞典首都斯德哥尔摩,出任皇家歌剧院的芭蕾大师和男主演。来到瑞典以后,他果断地改进了当地芭蕾的原始状态——拿掉女演员的大假发套、支架裙、高跟鞋,代之以轻盈的服饰和舒适的鞋子,这些累赘的装饰物在巴黎多年前就早已弃之不用。在勤奋工作之余,菲利普还与一个歌唱家的女儿陷入爱河。1803年,他们幸福地结婚了,一年以后,家族的第三代舞者——玛丽·塔里奥尼诞生了。

如果说菲利普是一个优秀的舞蹈教师的话,那么他一生最为出彩的学生就是他的女儿——娇小的玛丽。玛丽从小就身体瘦弱,其貌不扬,胳膊和腿都又细又长,最大的缺点是她长着一副不美丽的溜肩,还有点曲背。另外,小玛丽对跳舞也没有她父亲那么大的热情,她时常在该上舞蹈课的时间悄悄溜出去玩耍。不过,这一切没有逃过她父亲的眼睛,虽然条件不够完美,但是这并没有难倒她的芭蕾大师父亲,她的父亲从未放弃对她的培养。

菲利普先是将女儿送到自己的老师、名师库伦先生那里,希望能够得到他的帮助。在得到否定答复之后,菲利普决定将女儿领回家亲自调教。既然没有传统意义上的好身材,那么只能因材施教,突出她长胳膊长腿的优点。菲利普为玛丽制订了新的手位,还编排了大量高强度训练的大小跳组合,以突出她动作质感的轻盈飘逸。在父亲的严加管教下,玛丽不得不放弃其他的想法而专心练舞。很快,玛丽就体验到了舞蹈所带给她的乐趣和荣誉,并一发不可收拾地投入了进去,据说她经常练舞练到不能动弹为止,然后由家里的仆人把她抬出去。

刻苦的训练没有白费,1822年6月10日,18岁的她在维也纳首次登台主演了她父亲编导的舞剧《少女入舞神宫仪式》。尽管这在当时并没有引起太大的反响,但也初步展示了她舞蹈时如烟如雾的轻盈风格,预示了浪漫芭蕾时代的开启。

五年后,玛丽如愿拿到了巴黎歌剧院的聘书。1830年,法国作曲家奥柏专门为她创作了歌剧芭蕾《上帝与芭蕾》。同年,她在伦敦首演了法国大编导家狄德罗的神话舞剧《植物与微风》。伦敦《泰晤士报》的舞评家这样概括玛丽·塔里奥尼的舞蹈风格:"登峰造极的优美、颇有画意的舞姿和轻盈飘逸的舞步。"而塔里奥尼更大的成功则来自她父亲为她精心打造的芭蕾舞剧作品——《仙女》。

1832年3月12日,玛丽·塔里奥尼在巴黎歌剧院主演了那部被后人誉为"浪漫芭蕾处女作"的作品——《仙女》,从此开创了"白色纱裙"的时代。在这部舞剧中,玛丽·塔里奥尼第一次用脚尖技术将《仙女》的如梦似幻表现得淋漓尽致,而她轻盈的舞步和飘逸的过膝白色纱裙则成为后世芭蕾的经典动作和服装,她那并不完美的"三长一小"体型也成为后来选拔优秀芭蕾女演员的标准体型。毫无疑问,该剧的上演,使她一跃成为举世公认的伟大芭蕾女演员之一。

为了跳好《仙女》,玛丽·塔里奥妮不遗余力地使自己的舞蹈像空气般轻盈,她的表演仿佛一直在空中飘动。为了产生很少和大地接触的特殊效果,她的父亲专门为她设计了一种复杂的击脚小跳,完美地使用了足尖技术,以突出她翩然欲飞的形象。玛丽还将那貌似简单的"阿拉贝斯"做得灵气十足,十分高雅大方。

玛丽·塔里奥妮的成功将她带入了一个辉煌的境界,从此她所到之处都充满了鲜花和欢呼声。花环、花束,甚至是珠宝首饰经常撒满她的舞台,疯狂的观众愿意为她做任何事情,甚至以高价买去了她的足尖鞋分而食之!巴黎的少妇们以模仿她的发型、发饰为荣,时装设计师甚至专门推出了一款"仙女帽",以满足那些疯狂的女士。玛丽·塔里奥妮以自己的足尖成就了一个时代,而她更是作为第一位用足尖翩翩起舞的芭蕾明星而名垂青史。不过在这里需要说明一下的是,尽管足尖舞从这一时刻起风靡欧洲的上流社会,但实际上,西欧足尖舞的出现要早于这个时间,只是没有被提到玛丽·塔里奥妮的高度而已。

在流传至今的芭蕾小品中,《四人舞》是一个经典作品。由当时的著名编导佩罗编舞,参演的是当时的四大舞星,其中之一就是玛丽·塔里奥妮。该作品首演于1845年,当年的玛丽·塔里奥妮已经41岁了,同台的其他几位明星格朗(24岁)、格里希(26岁)、切里托(28岁)簇拥着最为年长的玛丽·塔里奥妮,在一个四人合舞的开场白之后,分别进行了几段变奏独舞,展示了她们高超的舞艺,最后舞蹈以开场时同样的合舞舞姿结束。《四人舞》虽然只演过四场,但因为一幅铜版画的记录而获得了不朽。1941 年,该作品由英国舞蹈家安东·道林进行了复排,并获得了成功。1981 年,在安东·道林的指导下,该舞被引入中国,由中央芭蕾舞团带上了舞台。

1837 年 4 月 22 日,玛丽·塔里奥尼举行完告别演出后离开了巴黎,并于同年 9 月 6 日在圣彼得堡上演了她的代表作《仙女》。1847 年,43 岁的玛丽·塔里奥尼最后一次登台。1884 年 4 月 24 日,她于法国马赛逝世,享年 80 岁。

玛丽·塔里奥尼对于芭蕾的贡献主要在于她完美地运用了一系列轻盈的跳跃和步法,第一个在芭蕾中赋予足尖舞浪漫的气息,从技术题材、风格面貌上将芭蕾从早期阶段推进到浪漫主义时期,促进了芭蕾艺术的发展。

太阳王之舞——路易十四

生卒年:1638—1715

国籍:法国

成就:国王兼舞蹈表演艺术家,支持建成世界第一所芭蕾舞学校——法国皇家舞蹈学院

1638年9月5日，路易十四诞生于圣日耳曼的王室城堡。他是国王路易十三和王后安娜的长子。1643年，他的父亲路易十三由于骑马落水引起肺炎而去世时，路易十四还是个5岁不到的孩子，不得不匆忙继任法兰西国王。

尽管路易十四继任国王很早，但一个5岁的孩子并不能掌握国家大权，只好由他的母亲安娜代为掌管，他则开始学习音乐、舞蹈等艺术并深得要领。13岁时他首次登台演出了芭蕾舞剧《卡桑德拉》，得到了母亲以及诸大臣的欢迎和认可。但真正让路易十四得到认可和赞叹的是他于1653年2月23日在巴黎卢浮宫内小波旁宫首演的舞剧《夜芭蕾》。这部舞剧开演于日落之际，收场于翌日日出之时，前后延续了12小时之久。剧中人物皆选自神话故事，演员们均为皇亲国戚，其中最重要的角色就是年仅14岁的国王路易十四。他在该剧中成功地扮演了"太阳王"这个角色，因此以"太阳王"的美名永垂青史。整部舞剧有着恢弘的气势与富丽堂皇的装饰，尤其是当路易十四扮演的"太阳王"随着霞光万丈般的烟火背景从地平线上冉冉升起时，在座的所有贵族们均瞠目结舌、叹为观止，在视觉效果上远远超过了当时被誉为"世上第一部芭蕾"的《皇后喜剧芭蕾》，而路易十四的母亲则激动得热泪盈眶。

路易十四的出生有一些蹊跷，因为他的父母结婚23年没有子女，然而在分居已久之后安娜王后生下了他。他5岁时就登基做国王了，由他的母亲安娜代他执政。但此后的若干年中，红衣主教马萨林——也是安娜的情人，才是法国的真正统治者。1661年，马萨林死后路易十四才开始亲政，法国自此进入了如日中天的太阳王时代。

路易十四执政期间，在法国建立了一个以他为中心的、巴洛克式的专制王国。他发动了一系列的重大战争，努力让法国对外扩大版图并称霸欧洲。他认为,在没有显赫战功时,没有什么比建筑更能体现国王的伟大了。于是,他按照古罗马帝国的样式来打造巴黎的街道、码头、喷泉、宫殿等,要将其建成古罗马帝国以来最伟大帝国的首都。更为世人所咋舌的是,他斥巨资(据说是2亿法郎)花费数十年时间在巴黎南郊建造了巨大无比且富丽堂皇的凡尔赛宫。他常常在其中举行奢华的宴会以炫耀自己的权力和荣誉。凡尔赛宫的更大意义在于,它承载着路易十四时代的双重辉煌:一方面,这里成为法国绝对君主专制的中心;另一方面,这里成为欧洲文化艺术的中心。正是凡尔赛宫中奢靡繁华的生活,催生了宫廷芭蕾的诞生。

身高只有一米六的路易十四,通常喜欢穿着昂贵的皇袍服饰,配以他最喜欢的高跟鞋和蓬松的假发,参加宫廷中各种宴席、舞会和庆祝活动。在他的倡导下,整个宫廷洋溢着高贵典雅的艺术氛围。其中,宫廷作曲家兼芭蕾大师吕利、剧作家莫里哀和舞蹈家博尚三位艺术家,是帮助路易十四推动法国宫廷芭蕾艺术的重要人物。

1661年,即路易十四独立执政的第一年,23岁的他率先建立了世界上第一个正规的芭蕾教育机构——皇家舞蹈学院。皇家舞蹈学院由13名当时最有经验的舞蹈教师组成,年轻的舞蹈家皮埃尔·博尚被任命为校长。遵照国王的指令,时年25岁的博尚带领院士们在卢浮宫附近的"木剑"酒馆每月开一次会,讨论舞蹈问题,设计和改进舞蹈动作,搜集舞蹈队形、花样和动作,按照宫廷审美规范对它们进行分类整理并命名。芭蕾中许多程式化舞蹈动作和术语,如双腿"外开"、脚的5种位置等,就是那时候确定的。这些动作和术语一直沿用至今,成为古典芭蕾的基础,构成古典芭蕾美学的核心,法语至今依然是国际芭蕾圈中的"世界通用语"。

皇家舞蹈学院还制定了定期考核舞蹈教师的制度,只有通过考核的人才有资格拥有教师证书并拥有教学资格。到了20世纪中叶,这一优良传统被英国切凯蒂学会继承,后演变为英国皇家舞蹈学院教师资格考试制度,至今该考试制度还在发挥着作用。

皇家舞蹈学院只存在了19年,于1680年宣布解散,主要原因是当时所聘用的舞蹈教师都是宫廷里的御用乐师、舞师,大多没有太高的文化素养,学院师资力量不足,未能长久办学。但这个机构整理确定的芭蕾手位、脚位沿用至今,当今在教学中所使用的大量程式化芭蕾舞姿和术语也是当时确定的,这些使芭蕾的发展走上了专业化的道路,对形成中的芭蕾艺术起到了规范和奠基的作用。但同时,该学院仅仅是国王的御用工具,芭蕾多用于贵族们的消遣娱乐,且演员大多是贵族乃至国王本人,这对于芭蕾技术的发展有很大的局限性,在一定意义上阻碍了芭蕾艺术的独立发展。

1660年,路易十四与西班牙公主玛丽·泰蕾兹结婚。1683年,玛丽·泰蕾兹死后他又与地位比他低的曼特农女侯爵弗朗索瓦丝·德·奥比尼结婚。路易十四于1715年其生日前4天去世。路易十四比他的儿子和最大的孙子活得都长,王位由他的曾孙路易十五继任。

跟随路易十四一同离开的是法国辉煌的太阳王时代,宫廷芭蕾艺术的繁荣也随之一去不复返。但作为一门艺术,芭蕾由此开始了从业余娱乐向剧场严肃艺术过渡的过程,演员也逐渐被专业舞者代替。到今天,芭蕾已经成为一门独立、科学、系统的艺术,它的传播范围遍及全球。这不得不归功于路易十四的先知卓见,是他开启了世界芭蕾历史的新篇章。

舞蹈的莎士比亚——诺维尔

生卒年：1727—1810

国籍：法国

成就：法国著名芭蕾编导、演员、教育家和理论家，18世纪最重要的芭蕾改革家，情节芭蕾的倡导者

"使舞蹈有灵魂、有情节,非此不能引人入胜!"——这是法国著名芭蕾改革家诺维尔写在他的《舞蹈和舞剧书信集》中的芭蕾改革宣言。这部《舞蹈和舞剧书信集》在他在世时没有为他赢得什么荣誉,但在他去世之后的若干年引起了舞蹈界人士的关注,甚至因此成立了推进诺维尔舞蹈改革思想的"诺维尔学会"。

让·乔治·诺维尔,1727年4月29日生于一个具有瑞士血统的法国军官家庭。幼年时期就表现出舞蹈天赋的他,后来在巴黎歌剧院舞蹈学校学习,并师从欧洲著名舞蹈大师路易·杜普雷。1742年8月,15岁的诺维尔在国王路易十五的枫丹白露宫首次登台表演。次年,他参加了巴黎喜歌剧院的芭蕾插舞表演,也就是"幕间芭蕾",即在歌剧表演的幕与幕之间穿插一些调剂、陪衬性质的芭蕾。歌剧中芭蕾附庸地位的低下,让诺维尔在这个时期萌生了改革芭蕾的思想。

当然,促进诺维尔产生改革芭蕾思想的还有其他因素。比如,他曾经参加舞蹈家让·巴泰勒米·拉尼的芭蕾舞团,拉尼编导的舞蹈作品大多具有浪漫的情怀,如《爱情与婚姻庆典》《爱情的奇迹》《流浪骑士》等等,比较注重故事的情节与浪漫情怀的塑造。另外一个曾深刻影响了诺维尔的舞蹈家是法国舞蹈家玛丽·萨莱。萨莱出生于一个杂技之家,她在表演时追求展现真实自然的舞蹈动作,注重表现剧中人物的思想和情感。同时,萨莱对演员的服装有一定的要求,她改变了演员们随便穿戴服装而不考虑人物角色的做法,要求每个角色按照剧中人物的真实身份来穿戴,这样就能让所有演员的表演更好地融入剧情中。萨莱的这些革新做法,大大激发了诺维尔的舞蹈改革思想。

自1749年起,诺维尔开始担任巴黎喜歌剧院的芭蕾编导。

1753—1754 年，诺维尔在出任巴黎喜歌剧院的芭蕾大师时，复排过自己的大型芭蕾舞剧《中国节日》。虽然没有证据证明诺维尔曾经到过中国，但是凭借着对东方世界的想象，以及从富有中国情调的瓷器中，他获取了有关这个国度的灵感，"色彩斑斓而新颖独特的场面，新奇而富于变化的画家思维"，让这个头脑中总是装着奇怪思想的编舞家一夜之间获得了成功。全剧结尾时，三十二只色彩鲜艳的中国大花瓶占满了舞台，更有趣的是，每个花瓶后面都蹦跶出一位芭蕾演员，使整场演出充满了中国情调。《中国节日》为诺维尔赢得了极大荣誉的同时，也为实现他的情节芭蕾思想提供了进步的基础。

真正激发诺维尔情节芭蕾思想形成的一个重要人物出现在1755—1757 年。在这两年，诺维尔曾两次随巴黎喜歌剧院舞剧团去英国进行访问演出，从而结识了英国著名的话剧演员——大卫·加里克。加里克专注于演出莎士比亚的戏剧，他的表演新颖、单纯、自然，他根据伦敦当下的品位对戏剧表演进行修改，使之更加符合观众的审美，因此，加里克在伦敦戏剧界颇受欢迎，也在一定程度上引起了英国人对于莎士比亚的狂热。擅长戏剧表演的加里克不仅影响了伦敦的观众，也让远道而来的诺维尔受到极大的鼓舞，促使诺维尔对舞蹈的情节性产生了浓厚的兴趣。

回到法国以后，诺维尔对英国传统戏剧做了深入的研究，并开始进行创作。自 1757 年起，他主持的里昂舞剧团排出了第一批情节舞剧，这些情节舞剧区别于以往的舞剧，不仅取消了有碍于戏剧表演的假面具、鲸骨裙、小筒裙等传统芭蕾服装，还打破了伴舞古板的对称性队形，突出强调了戏剧结构，并重点刻画主要人物的性格。《后宫的醋海风波》《雷诺和阿尔米德》《阿雅克斯之死》等就是这一时期的代表作。

但诺维尔的革新主张进行得并不顺利。首先是遭到以巴黎喜歌剧院为代表的保守势力的强烈抵制,继而遭到排挤,最后他被迫离开了巴黎喜歌剧院,辗转流落到斯图加特(1760—1767 年)、维也纳(1767—1775 年)、米兰(1775 年)等地从事编舞工作,继续进行他的情节芭蕾试验,编排出《美狄亚与伊阿宋》《阿齐士和加拉台娅》《贝尔顿与艾丽扎》等作品。

1776 年,在他的弟子和后来的王后玛利亚·安托瓦内特的帮助下,经过路易十五的批准,诺维尔终于突破保守势力的屏障,被邀请回到巴黎歌剧院任首席舞剧编导。但由于人事关系的复杂,诺维尔并没有得到一个可以尽情施展才华的自由空间,5 年任期中也只排出了几部旧作和包括喜剧芭蕾《玩偶》在内的少数新作。这一时期,虽然受到保守势力的孤立与排挤,但诺维尔还是做出了一些改进芭蕾演出的工作,比如,第一次在舞剧中完全摈弃人声,只依靠肢体语言进行表演,从而推动芭蕾向着纯动作和更高难方向发展。在今天来看,这是芭蕾发展史上的一个重大改革。

1781 年,诺维尔再次被迫离开巴黎歌剧院回到里昂。1789年,法国大革命期间,他由于受到安托瓦内特王后的牵连而流亡伦敦,排演了《坦倍幽谷的夫妇》和《爱情的作弄》,在伦敦皇家剧院上演。1797 年,回到法国后他隐居乡间,不再从事舞蹈创作,而是潜心著述,专心撰写舞蹈百科全书。由于退休金总是得不到保障,1810 年 10 月 19 日诺维尔死于贫困潦倒中,享年83 岁。

诺维尔一生编导过 150 多部作品,其中包括 80 多部舞剧,24部歌剧的插舞和 40 多个娱乐性舞蹈。这些作品在当时曾经有过较大的影响,但由于饱受争议,一部都没有保留下来。只有他的学生多贝瓦尔编导的、在一定程度上体现了他改革思想的舞剧《关不住的女儿》(又名《无益的谨慎》)得到保存并成为经典,至今仍在许多国家上演。

虽然没有一部能让后人亲眼见证他革新思想的作品,但诺维尔的理论著作——《舞蹈和舞剧书信集》让他名扬后世。诺维尔的革新思想在这本书中得到了全面的展示,他所倡导的"情节芭蕾"理论主张为后世的芭蕾理论奠定了基础,并为其指明了改革的方向。

这本书于1760年分别在里昂和斯图加特刊印,共收有15封书信。后来作者增补了20封新的书信和若干舞剧台本,又加了伏尔泰的评注和信件,该书于1803—1804年分4卷在彼得堡再版。该书通过假想给一个先生写信的方式,探讨了舞蹈与自然的关系,激情及舞剧情节在舞蹈中所具有的地位,舞蹈编导大师要具备的历史、神话、古诗、历代科学、几何学、布景制作、绘画、解剖学、音乐等方面的素质,教学中因材施教的重要性,舞剧中诗人、音乐家、芭蕾舞大师、服装设计师、布景师、画师、舞台设计师等协调一致的重要性,等等。

同时,诺维尔还强调了舞蹈艺术本身的特性,明确指出舞剧不同于话剧,"三一律"不适用于它,不必要求舞剧在时间、地点和行动上都做到统一,只需要构思完整,有一个诗的意境就可以了。

诺维尔首次提出"情节芭蕾"的概念,反对单纯的舞蹈技巧,提倡演员们在舞蹈中要真实地表达感情,诉诸观众的心灵,舍弃多余的复杂舞步,在哑剧、面部表情和手势上多下功夫。他说:"要使我们的艺术接近于真实,就必须少注意腿,多关心手臂⋯⋯少用高难度动作,多运用面部表情;表演中少用点蛮劲,多用点心智⋯⋯使舞蹈有灵魂、有情节,非此不能引人入胜。""情节芭蕾"是诺维尔革新思想的核心。

诺维尔的这些真知灼见,为现实主义舞剧理论的发展指明了方向,也对后人产生了深刻的影响。尽管诺维尔在世时,他所力推的《舞蹈和舞剧书信集》没有引起人们太多的关注,但金子总有发光的一天,20世纪初,他的理论被重新发掘出来,被译成英、俄等多种文字,成为推动当时西欧舞剧复兴运动的最强大的理论基础。

古典芭蕾之父——佩蒂帕

生卒年：1818—1910

国籍：法国

成就：对世界范围内古典芭蕾的形成和发展以及俄国芭蕾的崛起起到了重要的奠基作用，确立了古典芭蕾"ABA""双人舞"和"性格舞"模式，是世界芭蕾史上一个里程碑式的人物

尽管马里于斯·佩蒂帕是个法国人，但他被称为俄国的古典芭蕾之父，而且他是所有来俄国的外国人中对俄国芭蕾贡献最大的一位。佩蒂帕1818年生于法国马赛一个芭蕾世家，早年跟着父亲学舞，13岁随父亲到布鲁塞尔、纽约和法国等地巡演，后来在巴黎歌剧院舞蹈学校进修，师从名师奥古斯特·维斯特里，曾与当红明星范尼·埃尔斯勒同台表演《四人舞》。之后去了波尔多工作。1845年，佩蒂帕赴马德里做演员和编导，在之后的两年中大量接触和研究西班牙民间舞蹈，这影响了他日后的性格舞创作。

1847年，佩蒂帕随父亲赴圣彼得堡马林斯基剧院任教且任芭蕾主演，同时给法国浪漫芭蕾编导大师朱尔·佩罗和亚瑟·圣莱昂做助理。由于沙皇的偏爱和慷慨，在这段时间，马林斯基剧院高薪聘请的舞蹈家还有塔里奥尼、埃尔斯勒、格里希、切里托等。佩蒂帕有幸在此与这些明星舞蹈家共事与合作，学到不少使他终身受益的东西。

1862年，佩蒂帕排出了自己人生中的第一部大型舞剧作品——《法老的女儿》。这部作品尽管在圣彼得堡受到了欢迎，但是在思想先进的莫斯科却被评论家们说得一文不值。经过一番调整，他的第二部舞剧作品《康达普尔王》（1868年）终于赢得了莫斯科观众的喜爱。不久，《唐·吉诃德》（1869年）、《舞姬》（1877年）都相继问世，尤其是《唐·吉诃德》，其中几段西班牙色彩浓郁的舞段至今仍是各国国际芭蕾大赛的指定节目。佩蒂帕此时已经开始有意识地采用交响芭蕾编舞的方法，这为以后交响芭蕾的发展提供了可以借鉴的经验。1869年，马林斯基剧院的首席编导大师圣莱昂离职，佩蒂帕便顺其自然地接替其上任，并在这个位置上一直工作了41年。

编《舞姬》的时候是佩蒂帕在俄国的第30个年头，可以说是他艺术创作的顶峰期,戏剧性和舞蹈性得到了完美的融合。尽管在客居俄国的30年里,佩蒂帕没有和剧院之外的世界有太多的联系,但是席卷了当时俄国其他先进艺术的改革浪潮还是让他受到了影响,在编舞法中使用的交响原则就是该影响的体现。

柴可夫斯基的《天鹅湖》音乐创作于1876年,并于同年由奥地利编舞家魏泽尔·尤利乌斯·莱辛格尔完成了编舞工作。不过不幸的是,《天鹅湖》在1877年的首演相当失败,究其原因可能是多方面的,比如对音乐的理解不当,服装、布景不合时宜,舞蹈演员技术有限,等等。其结果就是大大伤了作曲家的心,再也不愿提及这段伤心事。但幸运的是,这件事情到佩蒂帕的手里就变得简单多了。在院长符沃洛日斯基的倡议下,柴可夫斯基和佩蒂帕联手,舞剧《天鹅湖》又奇迹般地再生并大获成功。究其成功的原因,不外乎音乐家的深厚功底和佩蒂帕在舞蹈和戏剧方面的造诣,他们之间有高度的默契。当然,还有一个小秘密,佩蒂帕的亲传弟子列夫·伊万诺夫的加盟(其中第二、四幕由伊万诺夫完成),使一共四幕的《天鹅湖》既有佩蒂帕所热衷的热闹气氛和富丽堂皇的场面,又有伊万诺夫清新典雅、出水芙蓉的纯净世界,强强联手使这部《天鹅湖》不仅一炮而红,而且红了好几个世纪。到21世纪,全世界已经出现了100多个不同版本的《天鹅湖》,基本上都以1895年这个版本为母本。中国中央芭蕾舞团引进了英国德里克·迪恩版本的《天鹅湖》,得到了各国评委、专家、媒体的好评。

三大芭蕾舞剧之一的《睡美人》完成于佩蒂帕事业高峰期的1890年,其由于丰富的舞蹈样式和结构,被授予"19世纪芭蕾百科全书"的称号。在创作的过程中,编导家和作曲家再次紧密合作,互相尊重,佩蒂帕为柴可夫斯基写了一份详尽的作曲计划表,也就是时间表,向他展示了想象中舞剧的情节线索、主要人物的性格以及其中舞蹈段落的拍子、速度和小节数。柴可夫斯基按照这份计划表作出乐曲后,佩蒂帕又依照音乐设计编排舞蹈的场面。这就使《睡美人》整场舞蹈和音乐结合得相当默契,为其成功提供了保障。佩蒂帕这种与作曲家协商进行创作的方法十分有效,因此,这种方法一直沿用至今。而这份作曲计划表由于具有很高的专业水平,已经被保存在博物馆里,成为舞蹈编导和作曲家成功合作的优秀典范。

在《睡美人》中,无论是柴可夫斯基的音乐还是佩蒂帕的舞蹈,都很鲜明地突出了主题旋律和几位主要人物的动作,并在其后的有关段落中稍加变化,反复出现,和舞群形成了复调对比关系。这种音乐和舞蹈的有机结合、相互辉映是古典芭蕾史中所少见的。

34年中,佩蒂帕为俄国新编了《唐·吉诃德》(1869年)、《舞姬》(1877年)、《睡美人》(1890年)、《灰姑娘》(1893年,合作)、《天鹅湖》(1895年,合作)、《雷蒙达》(1898年)等54部古典芭蕾舞剧,重编了《海盗》(1880年)、《帕基塔》(1881年)、《吉赛尔》(1884年)、《葛蓓丽娅》(1884年)、《艾丝美拉达》(1886年)、《仙女》(1892年)等17部法国浪漫芭蕾舞剧,并为35部歌剧编了插舞,其精力之旺盛、成就之辉煌,令世人折服。他的贡献中,还包括为古典芭蕾舞剧确立了"双人舞"和"性格舞"两大模式。

所谓双人舞模式,就是按照"ABA"的三段体模式进行创作和表演的男女双人舞。这种双人舞大多贯穿着富有浪漫色彩的爱情主题,A代表男女合舞,B代表男女分别独舞,行话叫作"变奏",通常是男女演员分别跳两轮,主要用来展示各自的技巧;第一次合舞一般都是在抒情优美的慢板音乐中开始,第二次则在欢快活泼的快板音乐中结束。双人舞模式通过两段"变奏",

为芭蕾男主角提供了宝贵的展示机会,从而使其摆脱了"搬运工"的角色,为其在芭蕾舞台上树立形象提供了大好机会。

双人舞中比较著名的段落有古典芭蕾舞剧《唐·吉诃德》《胡桃夹子》中的双人舞,《天鹅湖》中的二幕双人舞和《黑天鹅双人舞》,《睡美人》中的《奥罗拉双人舞》和《蓝鸟双人舞》等,这些都是可以拿出来细细品味的经典舞段,已经成为各国芭蕾大赛的必选节目。

双人舞中的大双人舞模式,是指在舞剧中占有较大比重的、在比较重要场合出现的、起到压轴作用的双人舞片段。

性格舞就是根据芭蕾舞剧的编排需要,在创作过程中所采用的具有异国情调的各国民间舞,比如佩蒂帕在《天鹅湖》第三幕中编排的西班牙《斗牛士舞》、意大利《那不勒斯舞》、匈牙利《恰尔达什舞》和波兰《玛祖卡舞》等。一般来说,性格舞在剧中起到烘托气氛、丰富色彩、推进剧情等作用。一个多世纪以来,双人舞和性格舞已成为世界各地舞校的必修课,为芭蕾在世界范围内的传播和创作起到了积极的作用。

佩蒂帕作为一个长期客居在俄国的法国人,他不仅对俄国芭蕾的崛起起到了至关重要的作用,而且对世界范围内古典芭蕾的形成和发展起到了重要的领导作用,是世界芭蕾史上里程碑式的人物。

拉班舞谱的创始人——拉班

生卒年：1879—1958

国籍：匈牙利

成就：现代舞理论家、教育家，人体动律学和拉班舞谱的发明者，德国表现派舞蹈创始人之一

20世纪以来,现代舞流派的发展经历了从无到有、从局地到世界范围的发展历程。在这个过程中,一些思想敏锐的艺术家,率先开启了整个现代舞艺术发展的过程,来自奥匈帝国的拉班先生就是其中比较典型的一位。

鲁道夫·冯·拉班,1879年12月15日生于捷克斯洛伐克的布拉迪斯拉瓦城。他的父亲是一名军人,因此,他幼年时期曾跟随父母在地中海东部沿岸地区和非洲的东北部生活。动荡的军旅生活使幼小的拉班缺少正常生活的安逸和稳定,但拉班总是善于在生活中寻找乐趣,生活中所接触的形形色色的人群,使小小年纪的他便学会通过观察识别来自不同地区、种族和拥有不同民族语言、服饰的人们的后天习惯性动作,这为他日后舞蹈动作理论的形成奠定了基础。

受父亲的影响,拉班在少年时期曾进入军校学习军事理论和实践知识。但渐渐地他发现,跟父亲一样的戎马生活并不是他最想要的,从心灵出发,本着对艺术的热爱,他对自己的人生进行了重新规划并做出了重大选择。1900年,21岁的拉班进入巴黎美术学院,学习舞台设计、戏剧、音乐和芭蕾,毕业后担任柏林国家歌剧院的动作艺术指导。1907年后,他跟随一个歌舞活报剧团在德国、维也纳和北非等地区进行流动演出。在这段时间里,他仍然保持着观察人体习惯性动作的爱好。

因艺术趣味不同于柏林国家歌剧院的浮夸作风,拉班很快就从歌剧院辞职并致力于从普通生活中探索动作源泉和艺术表现力。因渴望回归安稳恬静的普通生活并试图从诗意的田园生活中获取舞蹈灵感,1910年拉班在瑞士的马奈阿雷建立了一所"舞蹈农庄",让农民们在劳动之余根据自己的生活自由创作舞蹈。同年,他在德国慕尼黑建立了一所舞蹈学校,结合物理、化学、数学、解剖学、心理学等知识,展开了他对人体动作的深入探索。这所学校后来成为现代舞中欧学派的发源地,同时培养出了玛丽·魏格曼、库特·尤斯等著名的现代舞舞蹈家,他们影响了现代舞在世界范围内的发展。

1915—1918年,拉班在苏黎世又创办了一所舞蹈学校,并演出自己创编的作品。为了打破芭蕾的固定化训练和表演模式,1919年后,拉班创立了一种叫作"动作合唱队"的群舞训练模式,即按照合唱分声部的原理,将舞者按动作表情的不同分成高空、中空、低空三种空间形态进行表演。魏格曼曾在文章中提到过拉班关于动作的空间形态与其力学的相互关系,她说,每个舞蹈家不仅有自己个人的表情,而且有自己独特的表情,这是自己的"有声色彩"。"女高音"舞蹈家的主要表情动作包括轻盈、向上、流动与跳跃;"男中音"舞蹈家大多喜欢低回摆动中的昏暗与柔和。"女中音"舞蹈家摆动于两者之间;"男低音"舞蹈家以其低回的动作和刺耳的狂热,达到了哑剧的边界。

在进行"动作合唱队"实验的同时,拉班积极进行"空间协调律"研究,并逐步寻找出动作的八大因素,即"砍、压、冲、扭、滑动、闪烁、点打、漂浮",通过将这八大元素进行有机组合,形成各种不同动作。

拉班对"动作合唱队"以及"空间协调律"的实验和研究,产生了严谨、系统的人体动作理论,这一理论对看似难以规范、稍纵即逝的人体动作进行了科学的归类和划分,从中寻找运动的规律,为后期形成令人瞩目的拉班"人体动律学"和"拉班舞谱(舞蹈记录法)"积累了诸多经验。

第一次世界大战结束以后,拉班重返德国,在纽伦堡、斯图加特、曼海姆等地教学。到了1923年左右,通过建立分校的形式,拉班将教学范围扩大到汉堡、布拉格、布达佩斯、罗马、查格雷布、维也纳和巴黎等地。拉班的人体动律学思想得到了广泛传播。

1923—1925年,拉班担任汉堡芭蕾舞团团长,并在维尔茨堡建立了一所编导学院,为德国现代舞培养新人。1930—1934年,拉班在柏林国家歌剧院芭蕾舞团担任团长职务,并执导了1936年柏林奥林匹克运动会开幕式的舞蹈节目。

第二次世界大战前夕的1938年,由于纳粹的一再施压,拉班被迫关闭了位于德国的舞蹈学校并离开德国。他前往英国,在伦敦与自己昔日的学生尤斯合作开办了一所新的舞蹈学校。在此期间,他将自己以往有关动作研究的成果结集出版,确定了人体动律学理论,他的舞谱研究也进入一个新的阶段。

拉班的人体动律学不仅涉及舞蹈,同时也广泛涉及工业、农业、教育和医疗等领域。比如,1945年他成立了拉班劳伦斯工业节奏组织,用他的人体动律学理论对工人的劳动操作程序、训练和考核等各方面进行技术革新,提高了工人的工作效率,也使工业管理更加便利和高效。

1946年,他与自己的另一个学生丽莎·乌尔曼在曼彻斯特开办了一所融教学和研究为一体的动作艺术工作室。1953年,该工作室迁往萨利附近的阿德尔斯通。1954年,拉班在英国建立了动作艺术中心。晚年的他一直在该中心进行创作和教学,直到1958年7月1日逝世。

拉班虽然被尊称为世界现代舞理论之父,但他所创立的拉班舞谱对于任何一个舞种都具有非凡的意义,通过拉班舞谱的记录,经过训练的人可以在短时间内准确地再现舞谱所呈现的舞蹈内容,从而不必担心出现动作的偏差和遗漏。跟乐谱一样,拉班舞谱也忠实地记载了舞蹈的速度、力度、节奏、舞姿等。虽然还有其他的舞蹈记录方法,如贝耐什舞谱、艾什科·瓦契曼舞谱等,但拉班舞谱是当今世界上流传最广、使用率最高的舞谱。

拉班对于世界舞蹈的重大贡献还在于他的人体动律学。在这门学说中，拉班将人体动作分为十二个方向的二十面体，围绕着人体这个中心点，通过点与面的结合，构成一个三维的球面体，舞者通过时间、空间、方向、力度的改变，创造出动作的戏剧性、表情性和各种造型。西方舞蹈界认为，人体动律学发现了人体小宇宙的秘密，可以与爱因斯坦的相对论媲美。

除了拉班舞谱和人体动律学之外，拉班在舞蹈理论方面的著述还有《舞蹈家的世界》《编舞》《舞谱》《现代舞蹈教育》《把握舞台动作》《舞蹈与动作记谱原理》等六部专著，以及一部自传《为舞蹈生活》，拉班是世界近现代史上不可多得的伟大舞蹈理论家。

表现主义舞蹈家——玛丽·魏格曼

生卒年:1886—1973

国籍:德国

成就:现代舞舞蹈家、编导家、教育家,德国现代舞表现派创始人之一

德国——欧洲中部一个高度发达的资本主义国家,以先进的基础科学和应用研究闻名世界,在机车和精密机床制造方面也拥有世界领先水平。如此注重科学和严谨务实的国家,其国民在艺术方面也是出奇的繁盛,巴赫、贝多芬、勃拉姆斯、门德尔松、舒曼、瓦格纳、理查德·施特劳斯、韦伯、梅耶贝尔等等,都是来自这个国度的音乐家,在舞蹈方面,以拉班为代表的"中欧学派"现代舞起源地在德国慕尼黑。当然,除了拉班之外,德国著名的现代舞舞蹈家还有一个叫作玛丽·魏格曼的人。

1886年11月13日,魏格曼生于德国汉诺威一个富裕的商人之家。幼年时,活泼、好动又富于冒险精神的魏格曼曾经憧憬长大以后要当个舞蹈家,但由于没有出众的长相,也没有芭蕾演员所必备的"三长一小"身体条件,她被一位世俗而目光短浅的舞蹈老师给否定了,那位老师认为她还是回家做个家庭主妇好一些。正常情况下来看,魏格曼跟舞蹈家的外在标准确实有一定差距,身材不够修长,脑袋也显得略大,关键是芭蕾演员身上的"仙气",在她身上没有任何体现。尽管如此,魏格曼还是执着于自己的艺术梦想,她曾经去过瑞士、荷兰等地学习音乐,直到有一天她遇见了达尔克罗兹。

埃米尔·雅克·达尔克罗兹是个瑞士音乐教育家,为了方便音乐教学,他创立了一套节奏教育体系,即在教授音乐节奏时,配合形体的律动,这套学习方法被称为"优律动"。尽管是出于音乐教育的目的,但是这套"优律动"学习方法在无意中敲开了世界现代舞教育的大门。受到达尔克罗兹教学法影响的舞蹈家还有德国现代舞舞者韩娅·霍尔姆、库特·尤斯和美国现代舞先驱露丝·圣·丹尼斯等,当然,还有德国现代舞表现派创始人之一——玛丽·魏格曼。

魏格曼在达尔克罗兹音乐学校学习的过程中,发现了内心的冲动和欲望与肢体表达之间的直接关系,因此,跟达尔克罗兹的许多其他学生一样,从音乐学校毕业以后,她将研究重心从音乐转移到了舞蹈上面。为了寻找适合她的舞蹈,1913年她来到了瑞士和意大利交界处的一个"真理山"——位于马焦雷湖畔阿斯科纳的威利塔山。这里聚集了许多因逃离战争和躲避现实而聚集在一起的哲学家、画家、作家、舞蹈家等,这里是一个真正的"理想国"。艺术家们远离战争和喧嚣的都市文明,过着古朴原始的生活,他们常常在充满阳光的大自然中裸露着身体舞蹈,他们以自由的精神舞蹈、作画、吟诗作赋。魏格曼在这里感受到了精神上的自由和快乐,这是她生命中很重要的一段时期,因为在这里她遇到了第二个影响她艺术生命的人——现代舞理论之父拉班。

拉班1910年在慕尼黑办的舞蹈学校,由于即将爆发的第一次世界大战而搬到了这个偏远的山区,命运的安排使这两位日后舞蹈界的伟大人物在这个"理想国"相遇。魏格曼加入了拉班的舞蹈学校,聪慧好学的她很快就理解了拉班关于空间的理论,她说,只要舞蹈家处于空间之中,他的身体就是中心。高与低,前与后,平行的右与左,对角线的右与左、前与后等各个方向从身体的中段这个中心发射进空间。每个方向的特点是通过其自身的动作表现力来传达的。

关于舞蹈空间的理论,拉班给了魏格曼启发式的教育,所以,在后来的舞蹈创作中,魏格曼十分注重对舞台空间的探索。她认为,空间是舞蹈家实际活动的王国,"舞蹈家创造了它,舞蹈家成为空间的灵魂"。魏格曼对音乐的态度也与老师一致:拉班基于动作的本质及其规律,认为舞蹈使用现成的音乐有许多缺点;魏格曼表示"与其去表现借用的语言——音乐,倒不如舞蹈家通过倾听自己的能动性,并将其转化成可视的身体节奏来自由创造"。这一观点的产生对受过达尔克罗兹音乐教育的魏格曼来说,一点也不奇怪。为此,魏格曼常用芒锣、笛子、铃、鼓等来自印度、泰国和中国等国家的传统乐器为她的舞蹈伴奏。在她的理念中,音乐必须为舞蹈服务,而舞蹈必须表达舞者的内心,由此发展了舞蹈的独立性。相较华丽完美、气势恢宏的芭蕾舞来说,魏格曼还主张现代舞不需要太多的布景、道具和服装,而是通过纯粹的动作来表现舞者内心的情感,这些是她日后形成表现派舞蹈的先决条件。

魏格曼艺术实践的理念受益于拉班的舞蹈理论研究,同时在无形中验证了拉班的舞蹈理论,也鼓舞了拉班。1914年,魏格曼举办了个人作品发布会,发展和完善了"即兴舞蹈"和"无音乐舞蹈"。1913—1917年,拉班与魏格曼两位伟大艺术家卓绝的合作,奠定了德国表现主义现代舞的坚实基础。

1920年,魏格曼在德累斯顿创建了自己的第一所舞蹈学校。1928年,她开始带学生在欧美进行演出,她三度访美,大获成功。后来她以舞蹈学校为中心在世界各地建立了很多分校,培养出汉娅·霍尔姆、哈罗德·克罗伊茨贝格、奥克桑、格奥尔吉、帕鲁卡、江口隆哉等一流的舞蹈家。而由她的学生培养出来的皮娜·鲍希、艾尔文·尼可莱等新生代名家,影响了欧美以及亚洲部分国家现代舞的进程。

1931年,汉娅·霍尔姆受命前去纽约创办魏格曼舞蹈学校。尽管后来第二次世界大战爆发,德美矛盾激化,但留在美国的霍尔姆坚持将德国表现派舞蹈的体系特征传承下来,并在新的环境中,使新旧融合,形成了德国现代舞的美式风格。据20世纪30年代初的不完全统计,魏格曼在世界各地的舞蹈学校学生多达两千人。而今,受她影响的习舞者,更是数不胜数。中国现代舞先驱吴晓邦先生在日本所跟随的江口隆哉先生就是魏格曼的直系学生。

表现主义在20世纪20年代的德国异常繁盛,绘画艺术尤其走在前面,画家们发出宣言:"我存在所以我要爆发。"这再一次激发了魏格曼的舞蹈创作,对她而言,舞蹈不是讲故事,而是在表达情感。"没有狂喜,就没有舞蹈;没有形式,也就没有舞蹈。"她拓展了舞蹈的表现空间,使舞者不再沦为技术的工具,使舞蹈成为灵与肉的统一。

历经两次世界大战,魏格曼一生创作了100多部舞蹈和舞剧作品,其中不少重要作品以强烈的视觉冲击让人难以忘怀,如《祭祀形象》《旋风舞》《巫舞》《幻象》《变换中的景色》《祈祷》《夜之容》《牧歌》《节日的节奏》《夏之舞》《暴风雨之歌》《天使之歌》《献祭》《命运之歌》《秋之舞》《尼俄柏之舞》《告别与感恩》《群舞与合唱舞》《俄耳甫斯与尤莉迪丝》《春之祭》等。她将生命中所有的灰色记忆和战争所带来的悲愤情绪都注入了舞蹈中,身处乱世,她却固执而坚定地表达着自己对世界的看法。在她的舞蹈中,人们常常会感受到人类本身原始、冲动的力量。下蹲、蜷伏、匍匐、爬行、躺地等低空动作,下垂的头部、肩部向下的线条、半举的双臂,构成了她的动作风格。奇异、古怪、激烈、原始、粗砺的气息充满了她的舞蹈,如巨大的锤子重重敲击人们的心灵。她长期探索的舞蹈语言最终形成以"紧张—放松"为体系的基本原理,这一原理直接影响了美国现代舞大师玛莎·格莱姆"收缩—伸展"动作体系的形成。

"黑暗""死亡"以及神秘的气氛是魏格曼舞蹈创作的主题。她的舞蹈跟她的长相一样,被一些人认为"不优雅、不美",她常常戴着各种木刻面具,把本人的脸遮盖起来,变成剧中人物的脸,而躲在面具后面的她反而更加彰显了她奇异另类而举世无双的个性。

1936年，魏格曼和拉班一起受命为柏林奥运会开幕式编排舞蹈。在这次开幕式上她创作了控诉战争的大型广场舞蹈——"向死者致哀"。舞蹈中上千的士兵，头戴钢盔，手持火把，无比安静地在黑暗中行进，最后把火把架在纳粹党的标志上。整个舞蹈沉默肃穆，带着无声的愤怒与抗议，这大大触怒了当权者，于是，他们的舞蹈学校被关闭，拉班离开了德国，魏格曼因为男友而留在德国一直没有离开。这件事一直被人误解为她和纳粹之间有某种不洁的联系。令人痛惜的是，她的男友在战争中一直下落不明，魏格曼也终生未嫁。一个朋友在莱比锡音乐学院为她谋取了一个舞蹈教师的职位，这才使她得以维持生活。

1942年，第二次世界大战期间，作为对战争的强烈抗议，56岁的魏格曼以她的独舞《告别和感谢》告别舞台。1945年，她在莱比锡重建舞蹈学校并在1949年将其移到西柏林，一直到20世纪60年代，她的舞蹈学校又一次成为舞蹈家们的欢聚之地。1954年和1961年，她先后荣获了"席勒大奖"和"德国批评家大奖"。

1973年9月10日，87岁的魏格曼留下她的著作《德国舞蹈艺术》（1935年）、《舞蹈的语言》（1966年）、《魏格曼文集》（1973年），以及她跳舞时常用的面具，在西柏林与世长辞。

不朽的《绿桌》——库特·尤斯

生卒年：1901—1979

国籍：德国

成就：创办了德国福克旺舞蹈学校，融合古典芭蕾和现代舞的优点，创作了20世纪著名的反战舞蹈作品《绿桌》，奠定了德国"舞蹈剧场"的基础

20世纪初,先后发生了两次深刻影响人类的世界大战。战争中无辜的人民流离失所,美丽的少女受到无情摧残,勇武的战士在战场上丧命,期盼子女回家的母亲等到绝望,连大发战争横财的投机商们也难以逃脱悲惨的命运。这些有关战争的真实影像被投注到了一部现代舞作品里,这部舞蹈作品叫作《绿桌》,它的创作者是一个叫作库特·尤斯的人。

库特·尤斯,德国籍犹太人,1901年1月12日出生于德国瓦瑟阿尔芬根的一户农家。有别于他勤恳的父辈,尤斯从小就对美术和音乐等艺术显露出特别的兴趣,他曾就读于斯图加特音乐学院附属戏剧学校。1920年,尤斯从学校毕业以后,继续跟随匈牙利舞蹈家鲁道夫·冯·拉班深造,学习现代舞理论和实践。经过刻苦的学习,两年以后,聪慧又努力的尤斯顺利晋升为拉班的助教,为拉班承担起诸多舞蹈分校的教学任务。

1924年,尤斯被明斯特舞蹈剧院聘请为芭蕾编导,从此离开师傅拉班独立发展。在担任编导的过程中,他逐渐感觉到专业舞蹈技能的缺乏,因此,1926年他到维也纳和巴黎等地学习系统的古典芭蕾。

1927年,尤斯回到德国并担任德国埃森福克旺艺术学校舞蹈系的创办工作。在这个学校,他为德国培养了诸多舞蹈家,如皮娜·鲍希、苏珊·琳卡、兰西·赫夫曼等,同时,这个学校也开启了德国"舞蹈剧场"的时尚先锋。何谓"舞蹈剧场"?剧场一般指封闭的、用于表演的场地,但在英文里,"剧场"(Theatre)一词与"戏剧"(Drama)是可以通用的,因此,"舞蹈剧场"可以用来指在舞台上进行的一切戏剧性舞蹈表演。

"舞蹈剧场"的最初尝试者是拉班。1919年,第一次世界大战结束以后,拉班曾经试着将舞蹈动作运用于剧场表演。相比较当时较为盛行的芭蕾来说,这种用于剧场表演的舞蹈远离了公主、王子的童话世界，更加贴近普通人的生活。拉班用严谨、科学又富于现实意义的表演，赋予舞蹈新的意义，这种新的表现手法被他的亲传弟子尤斯以及再传弟子皮娜·鲍希提高到了一个新的层面后被命名为"舞蹈剧场"。

跟随恩师拉班"动作合唱队"的脚步，尤斯也发表了有关"编舞和声学"的文章，提出新舞蹈应该走出古典城堡，表现现实生活的观点。同时，尤斯对古典芭蕾进行了有选择的保留，比如，他在创作时避开芭蕾最有代表性的足尖技术和多圈旋转，在训练演员时倾向于更富有表现力的身体和面部表情训练，从而在芭蕾完美的身体条件和现代舞的开放观念之间找到最佳结合点。

1928年，在福克旺艺术学校舞蹈系的基础上，尤斯又创建了福克旺舞蹈剧院（后更名为福克旺舞台剧院）。1930年，他担任埃森市立剧院的芭蕾编导，在1928—1933年创作了大量作品，比如《画眉鸟的翅膀》《13号房间》《帕凡舞》《彼得鲁斯卡》《魔术》《舞会》《波罗维亚舞蹈》《普尔希纳拉》等，其中最著名的是前文提到的那部反战作品《绿桌》（1932年）。

这部由尤斯编导和亲自参演的伟大作品以其新颖的形式（现代舞与芭蕾相结合）、激进的反战思想以及极具讽刺意味的表现手法，一举夺得巴黎首届编导大赛的一等奖，从而为尤斯在国际舞坛赢得了极大的声誉。之后舞蹈团便开始了世界巡演，巡演路线经过巴黎、荷兰、比利时、伦敦、美国以及中欧的一些国家和地区，所到之处均获得一致喝彩。

在《绿桌》之后，尤斯又创作了一系列作品，比如《维也纳往日的舞会》《七英雄》《大城市》《今夜，斯特劳斯》《浪子回头》和《绿桌》的姊妹篇《镜子》等。这些作品大都沿袭了尤斯擅长的创作手法，即用现代舞、芭蕾以及德国民间舞动作相结合的方式,对现实生活进行批判和讽刺。比如,在《大城市》中,尤斯用华尔兹和查尔斯顿两种不同风格的舞蹈,比喻社会上穷人和富人的不同生存状态,对社会的贫富不均进行讥讽和揭露。

自1933年德国纳粹党开始独裁执政起,一个始于德国的反犹太行动逐渐发展起来,纳粹政府采取一系列政策,力图将被他们认为是劣等民族的犹太人从德国公务员、军队、警察和政府机关队伍中剔除,同时,通过相关法案剥夺他们的德国公民权利。基于这样的社会背景,尤斯被迫离开德国,前往英国的达廷顿庄园,他的舞团也随之改名为尤斯芭蕾舞团并继续在世界进行巡回演出。

达廷顿庄园,始建于11世纪,是英王查理三世送给他弟弟约翰·霍兰德的古城堡。这个古城堡在中世纪时经常被用作贵族打猎场,到了20世纪初,被一对夫妇继承并作为农场经营。为了给庄园内的工作人员及其子女提供受教育机会,农场里设有中小学以及包括舞蹈学校、契科夫戏剧学校等在内的艺术学校。在这里,尤斯与一个叫作西古德·雷德的舞蹈同行共同创立了"尤斯-雷德舞蹈学校",形成了"尤斯-雷德"舞蹈流派,并摸索出一套训练体系。在这所学校,学生们可以学习芭蕾与现代舞技术、空间动律学、动力学、即兴舞蹈、舞蹈创作、音乐节奏、音乐欣赏、拉班舞谱、西方舞蹈史以及舞蹈解剖学等课程。新中国舞蹈先驱戴爱莲,曾经在这个学校就读并留下了十分美好的回忆。

然而好景不长,1939年,第二次世界大战爆发,尤斯-雷德舞蹈学校被迫关闭,并且由于英国对德国宣战,尤斯被迫成为"敌侨"身份,从而遭到了驱赶,甚至被关进难民营,成为无家可归的人。1944年,身处灾难中的尤斯创作了舞蹈《潘多拉》,以此隐喻战争像是一个被打开了的魔盒,灾难和恐怖事件不断地被制造出来。这部作品深刻反映出他内心对社会现状的反思。

第二次世界大战结束以后，尤斯作为战争难民回到德国埃森，经过短暂的休整以后，便以极大的热情开始重建福克旺舞蹈学校和舞蹈团，继续从事自己热爱的舞蹈教学和编导工作，先后创作出《鸽子》《雾中生涯》《夜行列车》等作品。1954—1956年，他担任杜塞尔多夫歌剧院的芭蕾编导，创作了《帕塞芬妮》《卡图利之歌》等作品。

1968年，尤斯退居二线，舞蹈学校和舞蹈团交由他的女儿安娜·玛卡德管理。直到1979年5月22日，历经战争磨难而终获和平的尤斯，在家中安详地走完了一生。

《绿桌》剧情：

> 黑漆漆的舞台中，一只象征着和平的绿色桌子，四周围着10个造型各异却同样丑陋古怪又西装革履的秃顶男人。随着音乐的响起，10个男人开始舞动起来，他们一会将长长的手伸向天空，一会又低下头掐着手指进行算计；一会整齐划一地坐在桌子两侧，看其中一人指手画脚，一会又群体涌动，甚至大动干戈，像在激烈地争论什么；他们时而道貌岸然地虚假礼让，时而又如跳梁小丑般放肆地展示贪念与丑恶。随着一声清脆的枪声，死神现身，他在黑暗中跳起索命的舞蹈，他的舞姿孔武有力，大踏步的行动象征着黑暗世界的来临。死神挥起战争的旗帜，指挥着人们一批批地赶赴沙场，勇敢的战士、失去家园的难民、悲伤的母亲、柔弱的孩子，统统被死神驱赶着前进，连发国难财的商人也难逃一死。最终，在战争中侥幸逃脱的幸存者身心备受摧残，即使回到家

园也陷入痛苦无法自拔……

舞蹈中,通过死神与人的一段段舞蹈,深刻揭示了战争的杀戮本质,表达了对战争中苦苦挣扎的人们的同情,而这也是对尤斯本人生命旅程的真实写照与再现。

《绿桌》的创作背景为两次世界大战的间隙,结合尤斯早年曾经创作过的一部叫作《死神之舞》的作品,表达了战争加速死亡,而在死神面前又人人平等的观念,为世人留下了一部值得深刻反思的经典作品。

我跳舞，因为我悲伤——皮娜·鲍希

生卒年：1940—2009

国籍：德国

成就：德国著名的现代舞编导家之一，欧洲艺术界影响深远的"舞蹈剧场"确立者，被誉为"德国现代舞第一夫人"

在这个世界上,有很多人热爱并痴迷舞蹈,舞蹈仿佛有巨大的魔力,让人将其视为生命并愿意为其奉献一生。而皮娜·鲍希跳舞的理由却让人有点意外,"我跳舞,因为我悲伤",这位看起来温和而柔弱的德国女人所给出的理由看似也有道理——跳舞可以让人忘却悲伤。不过,有关这位舞蹈家的故事,远不止这些。

皮娜·鲍希,1940年出生于德国工业城市佐林根,自幼学习舞蹈,极具舞蹈天赋。5—6岁时,她跟随当地一个儿童芭蕾舞剧团学习芭蕾,由于肢体比较柔软,曾被老师称为"蛇人"。年幼时的皮娜是个害羞、内向又敏感的女孩,老师的评价让她对学习舞蹈产生了最初的信心。

1955—1958年,皮娜在德国埃森福克旺艺术学校学习舞蹈,师从于著名编舞家库特·尤斯。尤斯是匈牙利舞蹈理论家鲁道夫·冯·拉班的亲传弟子,也是福克旺艺术学校舞蹈系和舞蹈团的创办人,是当时德国舞蹈界的重量级人物。他的成名作《绿桌》,是两次世界大战期间反战作品中的经典,至今在世界上仍有一定的影响力。

皮娜在这所学校学习了一种叫作"尤斯–雷德"的现代舞技巧,虽然也有古典芭蕾的基础,但学校主要教学目标还是培养学生的创造力,学习舞蹈技巧最终为表达情感、表达自我服务。皮娜有幸一开始习舞就受到现代舞大师的指点并参与了福克旺舞蹈团的大量演出,因此,她后来有机会将始于拉班、经由尤斯所提倡过的"舞蹈剧场"推向极致。

1959年,从福克旺艺术学校舞蹈系毕业时,由于优异的表现,皮娜不仅荣获了专门为她而设的福克旺奖,同时还获得了前往纽约茱莉亚德音乐学院舞蹈系深造的机会。1959—1962年,皮娜在茱莉亚德音乐学院就读,师承霍赛·林蒙和安东尼·

图德两位舞蹈大师。随后,她加入保罗·泰勒的舞团,并且成为纽约大都会歌剧院芭蕾舞团的成员之一。

1963年,尤斯在埃森组建舞蹈团时,皮娜受邀回到德国,在恩师新组建的福克旺舞蹈团中担任舞蹈演员并开始尝试编舞。1967年,她的第一部舞作——《片段》完成并公演,采用的是贝拉·巴托克的音乐。这部新人新作在当时虽然没有引起太多人的关注,但让皮娜在编舞的道路上积累了一定的经验,为她日后的成功做了铺垫。果然,1969年,她的第二部作品《在时光的风中》,在科隆编舞大赛中获奖,从而在德国舞蹈界引起强烈反响。至此,即将退休的尤斯放心地将福克旺舞蹈团艺术总监一职交给皮娜,自己退居二线。1973年,皮娜成为乌帕塔尔芭蕾舞团(后来被皮娜改名为乌帕塔尔舞蹈剧场并一直沿用至今)的艺术总监和首席编导。

皮娜个性安静而平和,惯常的装束是一身黑色衣服:黑色男士鞋、黑色宽松裤、黑色衬衫外罩一件黑色毛衣。这位看起来柔弱淡然的女人,内心却有着超乎常人的坚定,她开启了德国"舞蹈剧场"的新局面,对舞蹈的理念也有自己独特的见解,"我更在乎的是为什么舞动,而不是怎样舞动"。她对"舞蹈剧场"的理念进行了更加细致而深刻的阐释,在她的作品中,大量运用了歌剧、音乐、舞台设计等各种形式,甚至可以说话,像日常生活那样在舞台上走来走去、化妆、送咖啡、抽烟、打闹、嬉笑等,她的演员也不是一定要穿适合跳舞的紧身衣、汗衫、衬衣、裙子、西装甚至工作服,都可以穿着表演。

她在生活和事业上的亲密伙伴——舞台设计家罗夫·玻济克给了她很重要的支持,在舞台上,真实的游泳池、满台的鲜花和泥土、玻璃门、成堆的纸屑、十来吨的钾盐、砖头砌的墙、冰层、草皮、沙滩甚至猎犬与小鹿等等,都被用来设计成布景。演员们在游泳池中游泳、在倒塌的砖墙上艰难舞动、在满台飞舞的纸屑中奔跑、在鲜花中漫步，是她作品中最为独特的现象。在舞剧《春之祭》（1975年）中，舞台地板上覆盖了约一厘米厚的泥炭层，舞蹈时，不断跌落地面的男舞者们赤裸的上半身和女舞者轻盈的衣裙都被泥炭所涂染，成为表演中的一个亮点。

在演出《他牵着她的手，带领她进入城堡，其他人跟随在后》时，在舞台的前台设计了一个水坑，演员一不留心就会掉落其中并溅起水花，水花飞溅到观众席的第一排，曾引起观众的抗议，一度造成演出的中断。

在《咏叹调》（1979年）中，玻济克在舞台中设计了一个大的游泳池，演员们要在水中表演这部作品，舞者们曾经开玩笑说"我们跟着皮娜一起去游泳"。在《康乃馨》（1982年）中，上千朵康乃馨被插在舞台地板的橡胶衬垫上，而在舞台的背景上，居然有几只真的猎犬在走动巡逻。在《舞蹈之夜2》（1991年）中，舞台被数十吨的钾盐装点成白色的沙漠。在《帕勒莫，帕勒莫》（1989）中，一道倒塌的砖墙，让演员们犹如在废墟中艰难求生。

在皮娜最为知名的作品《穆勒咖啡屋》（1978年）中，舞台被布置成一个真实的咖啡厅场景，数十张椅子摆在舞台中央。担任设计师的玻济克则在表演中扮演了一位推椅子的人，这是他唯一一次出现在皮娜的舞台上。这样的设计可能跟皮娜幼年时的经历有关。皮娜的父母在她幼年时经营了一家餐厅，每日辛苦工作的父母根本没有时间悉心照顾她，使她经常半夜12点，甚至1点都还没睡觉，有时还待在餐厅的桌子下面。这个人员不断流动的餐厅，给年幼的皮娜留下了对人与人之间关系的最初印象。在《穆勒咖啡屋》中，上演了一幕幕有关人与人，尤其是男人与女人之间的故事。在皮娜的舞蹈剧场中，动作的优美不是主题，她要表达的是更接近真实人性的内心冲动。

皮娜对于舞蹈剧场所做的革新,得到的并不全是赞誉,尤其是她在进行这项事业的前期,经常会受到观众的质疑、批评甚至殴打谩骂。她在进入乌帕塔尔芭蕾舞团的早期,曾经由于所做的革新与以往传统舞台差别过大,以致习惯欣赏古典芭蕾艺术的观众表示强烈的抗议,他们朝坐在观众席最后一排的皮娜身上吐口水,拉扯她的头发,甚至在半夜打匿名电话给她,威逼她离开乌帕塔尔。这样的情况也曾经发生在其他地方,1979年,在印度,成群的印度教徒出于对她创编的斯特拉文斯基的《春之祭》版本的强烈不满而喧闹,甚至攻击舞者,使演出不得不中断,混乱的场面一度危及编舞家和舞者的生命。然而,由于这位温柔女性的坚持,演出虽然中断,但是她的舞蹈剧场顺利发展起来,并得到了全世界的认可。

如今,乌帕塔尔舞蹈剧场和皮娜的舞蹈作品已经成为德国有史以来最受欢迎的出口文化。舞蹈剧场与美国后现代舞及日本舞踏并列为当代三大新舞蹈流派,而皮娜则被称为"国宝级人物"。

英国现代芭蕾之母——玛丽·兰伯特

生卒年：1888—1982

国籍：英国

成就：英国芭蕾的先驱，芭蕾表演家、教育家，兰伯特芭蕾舞团创始人

成立于 1931 年的英国皇家芭蕾舞团（曾用名维克-威尔斯芭蕾舞团、萨德勒斯威尔斯芭蕾舞团）是英国知名的舞蹈团体，拥有 100 多名演员并曾经得到过皇室加冕，是世界级的舞蹈大团之一。英国还有一个跟皇家芭蕾舞团几乎拥有同样声誉，而且建立更早的舞蹈团，名字叫作兰伯特舞蹈团（原名兰伯特芭蕾舞团）。

　　英国兰伯特舞蹈团，建立于 1926 年，是一个以私人名字命名的舞蹈团体，这个团的创始人玛丽·兰伯特是个英籍波兰芭蕾表演家和教育家。兰伯特的母亲是俄罗斯人，父亲是犹太人。1888 年 2 月 20 日，兰伯特出生在波兰的首都华沙。少年时期的兰伯特是个不安分的孩子，她总是动个不停，因此，她的一个舞蹈老师说她"真正具有舞蹈的精神"。青年时期的兰伯特曾有幸目睹美国现代舞先驱伊莎多拉·邓肯的现场表演，邓肯那富于自由气息又充满古典韵味的"自由舞"让兰伯特对舞蹈有了新的理解。

　　在这之后，由于一次政治事件，兰伯特被迫去了法国巴黎，跟随她一起去的还有她的医生叔叔。这段时间里，兰伯特放下了她所喜爱的舞蹈，改行学医，但不久，她就明白当医生并不是自己想要的，因此，她很快就将自己的人生坐标重新调整到舞蹈上来。1910 年，她去瑞士日内瓦拜访音乐家达尔克罗兹，并跟随他学习韵律舞蹈操。在 1912 年之前，兰伯特担任了达尔克罗兹的助教，在达尔克罗兹学院进行教学。在此期间，兰伯特遇见了来这里考察参观的俄罗斯著名芭蕾经纪人佳吉列夫，为她之后加盟俄罗斯芭蕾舞团提供了契机。1913 年，俄罗斯芭蕾舞团演员尼金斯基创作《春之祭》时，兰伯特曾经为他做"节奏指导"并担任其中的群舞角色。这一时期，兰伯特在俄罗斯芭蕾舞团还参加了《天鹅湖》《吉赛尔》《天方夜谭》的演出。虽然与俄罗斯芭蕾舞团的合作仅仅一年，但欧洲巡演的经历给了她大量的历练，也让她认识了芭蕾的现当代舞蹈风格。

1914年，第一次世界大战爆发以后，兰伯特结束了欧洲的巡演生活，移居到英国伦敦，拜在芭蕾名师切凯蒂的门下学习古典芭蕾。1918年，她拥有了英国公民的身份。1919年，兰伯特开始采用切凯蒂教学法进行教学。1920年，她在贝德福德花园正式成立了自己的芭蕾舞学校。在此基础上，1926年，她创建了一个芭蕾舞俱乐部，也就是日后的兰伯特舞蹈团，这是英国历史上建立最早的芭蕾舞团。

为了吸引观众，舞团开始以演出夜间滑稽剧为主。由弗雷德里克·阿什顿编导的《时髦的悲剧》（1926年）是兰伯特舞蹈团的首部现代芭蕾舞剧，也是英国历史上第一部芭蕾舞剧。1930年10月，舞蹈团又演出了舞剧《波莫娜》（又名《果树女神》）。同年，兰伯特协助《舞蹈时代》杂志主编菲利普·里哈生和评论家阿诺尔德·哈斯格尔创立了卡马尔戈协会。在该协会的基础上，产生了萨德勒斯威尔斯芭蕾舞团，也就是后来大名鼎鼎的皇家芭蕾舞团。

1931年，兰伯特在俱乐部的基础上正式成立了"兰伯特芭蕾舞团"（后改名为兰伯特舞蹈团），结合兰伯特芭蕾舞学校，兰伯特为英国培养了一批芭蕾明星和编导，比如弗雷德里克·阿什顿、安东尼·图德、约翰·克兰科、皮埃尔·艾尔吉莱，安德鲁·霍华德、弗兰克·斯塔夫、沃尔特·戈尔、莫迪·劳埃德、佩基·范·普拉格、西莉亚·弗兰卡、克里斯托弗·布鲁斯等。

兰伯特芭蕾舞团虽然以芭蕾命名，但是由于创办人早期所受到的现代舞影响和教育，该团的创作更偏向于现当代风格，作品以题材多样、结构严谨、音乐性强、舞蹈轻灵敏捷为主要特征，这一点在20世纪60年代后表现得更为突出。

自20世纪20年代现代舞诞生起,世界各地的舞蹈家就不断尝试将现代舞与古典芭蕾各取其长进行融合,比如德国的库特·尤斯,俄国的米歇尔·福金、瓦斯拉夫·尼金斯基等。到了60年代,这个趋势就变得更加不可阻挡。1966年,师承美国现代舞先驱露丝·圣·丹尼斯的玛莎·格莱姆将古典芭蕾技巧纳入现代舞训练中。在这样的趋势下,兰伯特芭蕾舞团进行了一系列革命性的变革——拓展音乐领域,大量引入现代舞编导和作品,将古典芭蕾与现代舞进行充分融合,等等。为了更好地彰显其小型多样的现代舞风格,在兰伯特去世后的1987年,兰伯特芭蕾舞团正式更名为"兰伯特舞蹈团"。

作为英国舞蹈的先锋团队,兰伯特舞蹈团至今已有近90年的历史。在这近90年中,兰伯特舞蹈团除了培养了一批又一批明星编导和舞者,还获得了数不胜数的国际大奖,比如2002年麦克格雷戈尔的《预感》获英国娱乐杂志杰出编舞奖,兰伯特舞蹈团和艺术总监克里斯托弗·布鲁斯分别获得全英艺术评论最佳表演团体称号和杰出舞蹈贡献奖。兰伯特舞蹈团在充分继承古典芭蕾精华的基础上突破它的局限性,吸收了现代舞的创作理念,古典与现代的结合成就了兰伯特舞蹈团的赫赫声名。如今,兰伯特舞蹈团已经成为伦敦标志性表演团队,更是世界知名舞蹈团体,常年在世界各地巡演。值得一提的是,1957年,兰伯特舞蹈团在团长玛丽·兰伯特的带领下将经典舞蹈作品《吉赛尔》《仙女》《葛蓓丽娅》带来中国的北京、上海等地演出,为中英芭蕾交流史画上了重要的一笔。

英国皇家芭蕾舞团创建者
——德瓦卢娃

生卒年：1898—2001

国籍：英国

成就：创建了萨德勒斯威尔斯芭蕾舞团，即后来的英国皇家芭蕾舞团

如果说玛丽·兰伯特是英国芭蕾先驱人物的话,那么比她小十岁的尼内特·德瓦卢娃算是另一个重要的先驱人物。德瓦卢娃,原名埃德莉丝·斯坦纽斯,1898年生于爱尔兰维克罗郡布莱辛顿镇的一个乡村小屋里。她的父亲是一名英裔爱尔兰军官,在她19岁时参加一次战争后受伤死亡;她的母亲做一些有关玻璃制造的生意。

1905年,她随父母一起搬到英国的肯特郡与奶奶住在一起。在英国,她有机会看了芭蕾舞剧《睡美人》,这算是她童年时的一堂芭蕾启蒙课。然而,她真正的芭蕾课开始于1908年,当时10岁的斯坦纽斯跟随姆尔斯·沃兹沃斯学习芭蕾。1911年,她又被送到伦敦的一所戏剧学校学习戏剧表演,并跟随意大利名师恩里科·切凯蒂学习古典芭蕾。

1914年,16岁的斯坦纽斯开始登台演出,先后表演过一些轻歌剧、哑剧、歌剧中的插舞和独立的芭蕾。1919年,她被皇家歌剧院的歌剧团——比彻姆歌剧院聘为首席舞者。1921年,她在一家商业剧院的芭蕾舞剧《莱拉原野的神奇孩子》中扮演角色,同年,她的母亲将她的名字改为尼内特·德瓦卢娃。年轻的德瓦卢娃喜爱舞蹈,也常常参加演出,多年后,她回忆说自己几乎在英国的每一个码头上都表演过《天鹅之死》。

跑码头的生涯给了德瓦卢娃极大的锻炼,终于她碰到了人生中的第一个好机会。1923年,德瓦卢娃有机会接触到了俄罗斯芭蕾舞团经纪人佳吉列夫,并加盟了舞团,在此后的3年中,她以独舞演员的身份在舞团中参与了多部舞剧的演出。就是这3年的学习与工作生涯,将她锤炼成一名优秀的芭蕾艺术家。同时,3年的流动演出生活,也让她耳濡目染地学会了如何管理和经营一个舞团,这对她后来成立自己的芭蕾舞团起到了至关重要的作用。

结束俄罗斯芭蕾舞团的 3 年合约之后，1926 年，德瓦卢娃在伦敦创办了自己的舞蹈学校，这是一所专门为女孩子开办的舞蹈艺术学校。随后，为了给学生们创造登台演出的机会，她带领学生们到伦敦老维克剧院、剑桥节日剧院、都柏林艾比剧院等地表演芭蕾舞。

1928 年，德瓦卢娃受邀为老维克剧院及其姊妹剧场——即将翻新的萨德勒斯威尔斯剧院编排开场舞。1931 年，经过翻新的萨德勒斯威尔斯剧院开业以后，德瓦卢娃将她的舞蹈学校搬了进去，并更名为萨德勒斯威尔斯芭蕾舞学校。接着，在剧院经理人李安·贝莉丝的帮助下，成立了维克·威尔斯芭蕾舞团，同年的 5 月 5 日，该舞团在老维克剧院公演了第一部芭蕾舞剧。

成立之初的维克·威尔斯芭蕾舞团只有 6 位演员，因此，德瓦卢娃迫切需要吸纳新的人才进团。恰巧在两年前佳吉列夫去世后，俄罗斯芭蕾舞团解散，有一批成员加入了德瓦卢娃的舞团，比如安东·道林、艾丽西亚·马尔科娃、塔玛拉·卡尔萨文娜等。有了这些明星成员的加入，再加上原有成员，德瓦卢娃的舞团像是插上了翅膀的飞鹰，凌空而起，在短时间内声名鹊起，成为第一个在西欧表演俄罗斯古典芭蕾保留剧目的舞团。同时，德瓦卢娃也有意多发展英国本土的舞蹈剧目，因此，1935 年，她邀请兰伯特芭蕾舞团的阿什顿爵士为她的舞团编创节目。这一时期的具有英伦风格的作品有《约伯记》（1931 年）、《浪子的历程》（1935 年）和《将死》（1937 年）等。

为了舞团更加长远的发展，除了吸纳优秀外来人才之外，德瓦卢娃在培养人才上花了更多的心思，比如玛戈·芳婷、罗伯特·赫尔普曼、莫伊拉·赫雷、贝利尔·格雷和迈克尔·萨默斯等，都是舞团培养出来的优秀演员，尤其是玛戈·芳婷，是世界级的芭蕾巨星。

1935年，37岁的德瓦卢娃结婚了，她嫁给了一位爱尔兰医生。39岁时，由于小儿麻痹后遗症的影响，她告别了舞台，转向幕后做教学和编导工作。德瓦卢娃在教学上是个极其严格的教师，她的学生回忆往昔还是会情不自禁地感叹："她的一句话可以成就你，也可以毁掉你。"

1942年，德瓦卢娃的舞团更名为萨德勒斯威尔斯芭蕾舞团，开启了英国式"精致"芭蕾风格的模式。第二次世界大战期间，由于剧院在炮火中化为灰烬，舞团被迫在英国各地进行巡演，一周两次的固定表演，演变成一周八至九次的演出频率，这既锻炼了舞团的生存能力，也培养了更加宽泛的观众群体，让舞团更加深入群众，更接地气。1946年，第二次世界大战结束以后，萨德勒斯威尔斯芭蕾舞团加盟伦敦科文特花园皇家歌剧院。除了原来的舞团经常进行巡演之外，德瓦卢娃又成立了一个由13人组成的二团常驻科文特花园皇家歌剧院进行演出。为了奖励其在战争期间的不间断演出，1956年，在该团建团25周年之际，英国皇室正式命名其为英国皇家芭蕾舞团，以示对其为英国国民所做的牺牲和贡献的褒奖。同时，为了给舞团输送人才，德瓦卢娃建立了皇家芭蕾舞学校，并将芭蕾二团改为伯明翰皇家芭蕾舞团。

除了建设英国本土的芭蕾舞团队，1947年，德瓦卢娃还受邀帮助土耳其建立该国历史上第一所芭蕾舞学校，后来并入土耳其国家歌剧院芭蕾舞团的附属芭蕾舞学校。这所学校为土耳其培养了一批年轻的芭蕾舞者。

1963年，由于身体的原因，德瓦卢娃辞去皇家芭蕾舞团团长职务，专心做舞蹈教育工作。她在皇家芭蕾舞学校任校长，一直工作到1971年，其间，她一直坚持严格甚至苛刻的教学风格。在晚年身体状况不是很好的情况下，德瓦卢娃以95岁高龄为英国皇家芭蕾舞团和伯明翰皇家芭蕾舞团复排了她的两部优秀作品——《约伯记》和《将死》，分别在舞蹈剧场和科文特花园演出，受到了观众的热烈欢迎。

德瓦卢娃这位伟大的英国舞蹈先驱，把她的一生都用在舞蹈表演和教育事业上，她虽然没有生养孩子，但是她给了英国皇家芭蕾舞团以及伯明翰皇家芭蕾舞团生命，并让它们在接下来的几十年中不断绽放光彩。1985年，在她的丈夫去世之后，她独自居住在伦敦西南部的家里，将她对丈夫的思念转移到诗歌创作中，同时，仍保持着对舞蹈的热情。

1998年，在德瓦卢娃百岁之际，英国皇家芭蕾舞团为这位长寿的舞蹈先驱上演了她的经典作品《浪子的历程》以及其他作品的片段；伯明翰皇家芭蕾舞团则为这位伟大的舞团母亲复排了《我们眼前的景色》，为老人祝寿。2001年3月8日清晨，德瓦卢娃在伦敦的家中安静离世，享年103岁。

英国芭蕾的灵魂人物
——弗雷德里克·阿什顿

生卒年：1906—1988

国籍：英国

成就：促进了英国皇家芭蕾舞团的成立，并逐渐形成了英国学派芭蕾的风格。因贡献突出，被英国皇室授予爵士荣誉

芭蕾的发展历史，要从意大利、法国和俄国说起，英国芭蕾的崛起则要等到 20 世纪 20—30 年代。在玛丽·兰伯特和尼内特·德瓦卢娃等芭蕾大师们的不懈努力下，现代芭蕾在英国异军突起，不仅建成了世界一流的英国皇家芭蕾舞团，还孕育出了一批芭蕾明星和编导，比如玛戈·芳婷、莱斯利·克莱尔、安托内克·西波利、莫妮卡·梅森等，而这一时期最著名的芭蕾编导要数弗雷德里克·阿什顿。

弗雷德里克·阿什顿，英国人，1906 年 9 月 17 日出生于拉丁美洲瓜亚基尔，他有四个兄弟姐妹以及一个同父异母的弟弟。尽管他的家庭中没有一个人从事跟艺术相关的工作，但当他 11 岁在秘鲁的利马城市剧院观看了安娜·巴甫洛娃的芭蕾表演之后，他便如着魔般对芭蕾产生了浓厚的兴趣，他立志将来要做一个世界上最伟大的舞蹈家。可是，令人沮丧的是，在当时的南美几乎找不到可以学习芭蕾的地方，连业余的培训班也没有。

1919 年，阿什顿进了英国的多佛学院。学校的文化课程对他没有太大的吸引力，但是每当到了周末的社交舞蹈课、戏剧演出以及艺术展览，阿什顿总能找到快乐，也是在这一段时间，他有机会看到了佳吉列夫的俄罗斯芭蕾舞团的精彩演出。除此之外，1921 年，阿什顿还在英国看到了"美国现代舞之母"伊莎多拉·邓肯的表演。邓肯的表演给阿什顿留下了极为深刻的印象，以至于在 55 年后的 1976 年，已经成为世界级著名芭蕾编导的阿什顿创作了伊莎多拉·邓肯风格的《勃拉姆斯圆舞曲 5 首》，向其致敬。

1922 年，阿什顿开始寻求实现远大理想的第一步，他找了一位芭蕾舞老师——俄罗斯芭蕾舞团首席男舞者及编舞家莱奥尼德·马辛，每个星期六，他都跟随这位老师学习舞蹈。尽管遭到家人的反对，但他仍然专注于学习各种芭蕾技能，并跟家人提出要上芭蕾专业院校的想法。家人的拒绝一度让这个年轻的小伙子患上精神分裂症，最后为了阿什顿的健康着想，在医生的建议下，家人做出了让步，他学习了四个学期的舞蹈课程。

　　1924年，是阿什顿生命中一个重要的转折点。这一年，他的父亲由于生意失败自杀身亡，全家人的经济负担都落在了阿什顿的大哥——卡萨·卡洛斯·阿什顿的肩上；同时，长期担任阿什顿舞蹈教师的马辛由于要离开伦敦，便向他推荐了英国著名的舞蹈教育家玛丽·兰伯特，从日后来看，这件事对于当时的阿什顿来说相当重要。这一年，在生活和情感上，阿什顿失去了一个重要的依靠和家庭成员，但是，在专业发展上，他遇到了他生命中最为宝贵的人——玛丽·兰伯特。在跟随兰伯特女士学习了一段时间以后，小伙子痴迷于舞蹈的精神和天赋打动了兰伯特女士，随后，他被推荐参加了兰伯特芭蕾舞团，并跟随著名舞蹈家尼古拉斯·莱加特学习舞蹈。这段时期的学习经历为阿什顿日后成为优秀的编导起到了至关重要的作用。

　　1925年，在阿什顿离他成为舞蹈家目标越来越近的时候，他的家庭再次遭受变故，作为家庭主要经济来源的大哥也不幸破产了，阿什顿一家再次陷入经济危机中，所幸他在兰伯特芭蕾舞团的学习是不需要费用的。而此时，兰伯特团长经过细心观察，发现了阿什顿身上所具备的编舞天赋，从而鼓励他大胆进行创作。在这种情况下，1926年4月10日，阿什顿创作并参演了他编导生涯的处女座——《时髦的悲剧》。演出大获成功，这为阿什顿赢得了信心。更有意思的是，《时髦的悲剧》同时也是兰伯特芭蕾舞团的首部现代芭蕾舞剧，更是英国历史上第一部芭蕾舞剧。

　　小试牛刀之后的阿什顿在1927年加入伦敦伊达·鲁宾斯坦芭蕾舞团，并在接下来的两年中在巴黎跟随尼金斯卡（俄国著名芭蕾舞编导和演员尼金斯基的妹妹)一起跳舞并学习编导艺术。

1929年,阿什顿回到兰伯特芭蕾舞团当舞蹈演员。这个时期跟他搭档的芭蕾舞演员有塔玛拉·卡尔萨文娜、莉迪亚·洛波科娃和艾丽西亚·马尔科娃,每一个都是舞蹈大明星,尤其是卡尔萨文娜,她的舞蹈风格特别为阿什顿所欣赏。

1930年,在兰伯特和《舞蹈时代》杂志主编菲利普·里哈生以及评论家阿诺尔德·哈斯格尔的倡议下,卡马尔戈协会创立了,此协会在20世纪30—40年代的伦敦,是集舞蹈家、音乐家、美术家和作家为一体的团体,可以为艺术家们提供帮助和支持。该协会成立之后,陆续推出了一些新的芭蕾舞剧,为兰伯特的芭蕾舞俱乐部以及新成立的维克·威尔斯芭蕾舞团提供了一些可供演出的优秀舞蹈作品。阿什顿在这一时期为协会创作了不少作品,比如《正门》(1931年)、《在南方港口的日子里》(也叫作《格兰德河》,1931年)、《高黄》(1932年)等,均获得好评。除此之外,阿什顿还在1929—1934年为兰伯特芭蕾舞俱乐部编创了30多部芭蕾作品,比如《仙女》(1931年)、《夏洛特夫人》(1931年)、《舞蹈排练厅》(1932年)和《假面舞会》(1933年)等,以回报当年兰伯特夫人的知遇之恩,同时也为自己的职业生涯打开了一扇通往成功的大门。

阿什顿事业上更大的成功来自他与英国皇家芭蕾舞团团长尼内特·德瓦卢娃之间的亲密合作。自20世纪30年代起,他就成为该团的舞者以及编导。作为演员,他成功扮演了舞剧作品中的性格舞角色,比如《睡美人》中的卡拉波斯、《狂欢节》中的皮埃罗、《正门》以及《灰姑娘》中不招人喜的妹妹,从而发挥了他戏剧性表演的长处,也弥补了他学舞太晚而导致技巧不足的缺憾。作为编导,自1931年的《帆船赛》起,阿什顿为维克·威尔斯芭蕾舞团(后改名为英国皇家芭蕾舞团)创作或改编了上百部作品,比如《约会》(1933年)、《仙女之吻》(1935年)、《幽灵》(1936年)、《溜冰者》(1937年)、《婚礼花束》(1937年)、《但丁奏鸣曲》(1940年)、《灰姑娘》(1948年)、《向女王致敬》(1953年)、《华尔兹》(1958年)、《关不住的女儿》(1960年)、《爵士日历》(1968年)、《乡村一月》(1976年)等等。在这些作品中,有纯舞类的,如《约会》《幽灵》等,也有舞剧类的,如《灰姑娘》《关不住的女儿》等。同时,阿什顿还为歌剧编过插舞,比如《三幕四圣人》(1934年)、《仙后》(1946年)、《俄耳甫斯与尤莉迪丝》(1953年)等。

阿什顿在为英国皇家芭蕾舞团工作的几十年中,非常善于根据不同演员的个性编排舞蹈,以便充分施展他们的才华。其中最为典型的例子就是他与舞蹈家玛戈·芳婷的合作。芳婷在阿什顿的心目中是除了巴甫洛娃之外的另一位女神级人物,他根据芳婷长于抒情、表演细腻、戏剧性较强的舞蹈风格,为她编排了一系列的作品,比如《夜曲》《交响变奏曲》《达甫尼斯与赫洛亚》《翁蒂纳》《茶花女》等。尤其是在《茶花女》中,阿什顿为芳婷和她的年轻搭档努里耶夫精心打造,让两位舞者将剧中生死离别的爱情演绎得引人入胜、扣人心弦。

从1931年在维克·威尔斯芭蕾舞团担任小演员和小编导开始,到1952年担任萨德勒斯威尔斯芭蕾舞团副艺术总监,再到1963年,他接替退休的德瓦卢娃,出任英国皇家芭蕾舞团团长和艺术总监,至1970年退休,1988年去世,阿什顿在英国皇家芭蕾舞团工作的50多年中,通过上百部芭蕾作品,使舞团形成了独有的古典加现代的风格典范。在短短的几十年时间里,将英国皇家芭蕾舞团从默默无闻提高到可与巴黎歌剧院芭蕾舞团、基洛夫芭蕾舞团、莫斯科大剧院芭蕾舞团、美国芭蕾舞剧院和纽约市芭蕾舞团五个世界级芭蕾舞团并称为"六大世界一流芭蕾舞团"的高度,阿什顿可谓英国芭蕾的灵魂人物。

永远的芭蕾女首席——玛戈·芳婷

生卒年：1919—1991

国籍：英国

成就：20世纪世界伟大的芭蕾女演员之一

玛戈·芳婷，20世纪世界伟大的芭蕾女演员之一，1919年5月18日出生在中国上海。她的父亲是一名在中国工作的工程师，为了让她接受艺术教育，父母将她送到俄国教师乔治·冈察洛夫在上海开办的芭蕾舞学校学习舞蹈，在这里，她受到了芭蕾的启蒙教育。

　　1934年，她随父母回到伦敦，在德瓦卢娃的萨德勒斯威尔斯芭蕾舞学校继续学习芭蕾。同年，在舞剧《小雪花》中担任群舞小雪花的角色。由于舞蹈能力和身体条件出色，之后她成为该团的一名演员。

　　1935年，萨德勒斯威尔斯芭蕾舞团的首席舞者艾丽西亚·马尔科娃因故退出演出，24岁的芳婷接替她完成了《天鹅湖》中白天鹅奥杰塔的表演。这次成功的演出，使芳婷成为萨德勒斯威尔斯芭蕾舞团最年轻的女首席。

　　1939年，《吉赛尔》的成功演出，进一步巩固了芳婷芭蕾女明星的地位。在接下来的25年中，芳婷跳遍了萨德勒斯威尔斯芭蕾舞团的所有经典剧目，如《仙女之吻》《但丁奏鸣曲》《哈姆雷特》《交响变奏曲》《灰姑娘》《睡美人》《向女王致敬》《水中仙女》《失乐园》《天鹅湖》《罗密欧与朱丽叶》《狂热的诗篇》等等。这些作品的编导有弗雷德里克·阿什顿、肯尼斯·麦克米伦、约翰·克兰科、玛莎·格莱姆、罗兰·佩蒂以及她最为亲密的搭档鲁道夫·努里耶夫。其中有一些作品是阿什顿为芳婷量身定做的，如《茶花女》《女水妖》《睡美人》《夜曲》《交响变奏曲》《灰姑娘》《达甫尼斯与赫洛亚》等等。

　　芳婷的表演细腻、抒情，不仅动作舒展流畅，而且技术娴熟，极富舞蹈的造型感，她甚至可以立起单脚足尖长达20秒，这是其他人所没有的绝技。除此之外，芳婷最大的优点是善于刻画剧中人物的情感，用超凡脱俗的技艺赋予角色极大的戏剧感染力。

1949年,芳婷首次随芭蕾舞团到纽约演出。她表演的《睡美人》很快就赢得了美国观众的心,从那之后,美国观众特别是纽约观众成了芳婷狂热的舞迷,包括牛津大学在内的众多大学向她敞开怀抱,纷纷授予她荣誉学位,芳婷的国际声誉达到了高峰。

1954年,芳婷接任皇家舞蹈学院院长的职务。两年后,她被英国皇室授予"玛戈女爵士"的头衔。此时,做了近20年首席并且已经成为芭蕾巨星的玛戈·芳婷可以说是功成名就,该退居二线了,但是,可能连她自己也不知道,所有这些都只是她舞蹈事业真正走向巅峰的前奏,直到一位青年才俊的出现。

这个出现在芳婷生命中的重要人物叫鲁道夫·努里耶夫,俄国人,出生在1938年,比芳婷小19岁。1961年,23岁的努里耶夫正值人生的重大转折期。努里耶夫原本是俄国基洛夫芭蕾舞团的一名非常优秀的独舞演员,一次去巴黎演出的机会,让他萌生出留在欧洲的想法。因此,1961年,芭蕾史上发生了努里耶夫"叛逃"事件,此事件在当时的芭蕾圈引起了极大的轰动。同年10月,在努里耶夫的努力下,他得到了与玛戈·芳婷见面的机会,芳婷邀请他参加一次慈善晚宴并进行演出。在这次演出中,虽然芳婷没有接受鲁道夫搭档跳舞的请求,但是,通过这次演出,鲁道夫充分施展了他的舞蹈才能,极具爆发力的大跳、线条舒展的舞姿、暴风骤雨般的旋转,饱含激情的表演为他赢得了下一次也是第一次与芳婷合作跳舞的机会。

芳婷与努里耶夫第一次合作的剧目是《吉赛尔》,至今仍有许多人对那次伟大的合作记忆深刻。人们说,那次的演出让英国的观众陷入了疯狂,在演出结束后,偌大的剧场内寂静无声,整整一分钟之后才爆发出雷鸣般的掌声,数不清的鲜花、礼物和卡片接踵而至,演出获得了极大的成功,观众们的艺术享受得到了极大的满足。之后，他们便开始了长达17年的精诚合作，合作剧目有《林中仙子》《天鹅湖》《罗密欧与朱丽叶》《茶花女》等。两个人征服了英国观众的心，还让世界舞迷们为他们疯狂，他们是如此的闪亮，以至于出租车司机都知道这两位芭蕾明星。美国人称努里耶夫与芳婷的合作是"娱乐业最让人发狂的男女组合"，所有人都想观看两位巨星的演出，剧场演出的门票甚至在数月前就销售一空，他们被媒体称为"舞蹈史上最震撼人心的一对"。他们一同创造出《天鹅湖》(1964年)谢幕89次的世界纪录。玛戈·芳婷迎来了她人生中最为辉煌的时刻，努里耶夫也在1962年以客座演员的身份获准加盟英国皇家芭蕾舞团。

然而，天有不测风云，1964年，芳婷的丈夫罗伯特·提特·阿里亚斯由于受到一次政治运动的影响，遭到敌对势力的暗杀，虽然子弹没有结束他的生命，却摧毁了他的脊椎，让他再也无法站立，从此只能坐在轮椅上，依靠别人的照顾生活。这个意外给芳婷的生活蒙上了巨大的阴影，但是温柔而又坚强的她既没有放弃丈夫，也没有放弃她心爱的舞台表演，她一边精心照顾丈夫，一边坚持在舞台上演出，直到1978年退休。1979年，芳婷几十年的好伙伴阿什顿为她创作了最后的舞剧《向芳婷致敬》，结束了她45年的舞台生涯。

1979年，退休之后的芳婷在阔别中国46年之后再次回到中国，并访问了北京舞蹈学院。她将北京舞蹈学院的芭蕾舞剧《卖火柴的小女孩》编入她与英国BBC合作的自传影片中。对于芳婷来说，回到当初习舞起步的地方，重拾童年的记忆，是一次难忘的经历；对于中国人民来说，世界芭蕾巨星的来访，同样是一次令人激动的欢聚和交流。

戏剧芭蕾代表人物之一
——约翰·克兰科

生卒年：1927—1973

国籍：英国

成就：英国戏剧芭蕾的代表人物之一，德国斯图加特芭蕾舞团团长

在英国谈到芭蕾,有一位大名鼎鼎的人物不得不谈,他就是戏剧芭蕾的代表人物之一——约翰·克兰科。

克兰科,1927年生于南非的吕斯滕堡。他的父亲赫伯特虽然是个律师,但是对芭蕾的喜好达到了痴迷的地步,因此,克兰科不仅从小就培养了对木偶戏和芭蕾的兴趣,还被送到开普敦南部一个非洲人的芭蕾舞团学习舞蹈。长大以后,克兰科顺理成章考取了开普敦大学芭蕾舞学校,他的舞蹈编创之路就始于这个学校。1942年,15岁的克兰科使用斯特拉文斯基的音乐《士兵的故事》尝试创作了一部芭蕾作品,初露编导才华。1946年,大学毕业以后,克兰科来到伦敦大名鼎鼎的萨德勒斯威尔斯芭蕾舞学校继续学习,从此展开了他的英国芭蕾之旅。

克兰科在萨德勒斯威尔斯芭蕾舞团先做了3年的舞蹈演员,同时,他也做一些编导工作,比如在1947年,他根据小约翰斯特劳斯的《闲聊波尔卡》编创了一个舞蹈作品,受到一致好评,并被舞团选作保留剧目。同年,他还为英国皇家舞蹈学院创作了《儿童乐园》,由于该剧反响良好,也被舞团吸纳为保留剧目。而克兰科获得更大的成功是在1949年,他根据拉威尔的音乐编创了双人舞作品《美女与野兽》,这部浪漫主义风格的作品充分展示了克兰科在编导双人舞方面的才华,赢得了观众的一致喝彩。

克兰科出众的编导才华获得了萨德勒斯威尔斯芭蕾舞团团长德瓦卢娃女士的关注并被任命为驻团编导。在她的鼓励和培养下,自1950年起,克兰科放弃演员身份,专职做起舞蹈编导工作。之后,他陆续创作了一系列作品,比如《女巫》(1950年)、《凤梨波尔》(1951年)、《多彩的四月》(1951年)、《秀色可餐》(1952年)、《影子》(1953年)、《夫人与傻瓜》(1954年)、《狂热者》(1955年)、《宝塔王子》(1957年)等。

除了为萨德勒斯威尔斯芭蕾舞团创作作品之外,克兰科还为欧美著名芭蕾舞团创作作品。比如,他为兰伯特芭蕾舞团创作了《主题与变奏》(1954年)和《雷加》(1959年),为法国巴黎歌剧院创作了《美丽的海伦》(1955年),为意大利米兰斯卡拉芭蕾舞团创作了《罗密欧与朱丽叶》(1958年),为加拿大国家芭蕾舞团编排了《罗密欧与朱丽叶》(1964年),等等。

1960年,应德国斯图加特芭蕾舞团团长尼古拉斯·贝瑞奥佐夫的邀请,克兰科为该团重排了他1957年为萨德勒斯威尔斯芭蕾舞团创作的《宝塔王子》一剧。贝瑞奥佐夫团长的女儿当年曾经参与该剧的演出。这次复排作品的成功,让贝瑞奥佐夫非常高兴,年逾花甲而准备退居二线的他向克兰科正式发出了诚挚的邀请,希望克兰科能继任他的团长职位。1961年,克兰科挥别合作了17年的英国皇家芭蕾舞团,加入斯图加特芭蕾舞团,开始了他人生中新的旅程。

斯图加特芭蕾舞团是一个古老的舞团,成立于1609年,前身是符腾堡宫廷皇家芭蕾舞团,其成立最初的目的主要是为宫廷贵族娱乐服务,主要聘请意大利和法国等地著名演员前来表演。在克兰科到来之前,它在历史上最有影响力的事件是让·乔治·诺维尔曾经(1760—1767年)在这里工作过,他编排了《里纳尔多和阿尔米达》《美狄亚与伊阿宋》等作品;其次就是1824—1828年,玛丽·塔里奥尼的父亲菲利普·塔里奥尼曾经在这里做过芭蕾大师。除此之外,该舞团在历史上并没有其他太多辉煌的成就。克兰科到来之后,在他的带领下,该团很快脱颖而出,迅速成长为世界一流舞蹈团之一,创造了"斯图加特芭团奇迹",下面我们来看看他是如何做到的。

首先,他吸收了一批技艺高超的芭蕾演员,比如巴西姑娘玛丽娅·海蒂。如同玛戈·芳婷对于阿什顿的意义一样,海蒂出色的戏剧性表演天赋,给了克兰科无尽的灵感,他所有重要作品都是为她量身定做的,如《罗密欧与朱丽叶》(1962年)、《奥涅金》(1965年)、《驯悍记》(1969年)等经典作品。克兰科用他的才华给海蒂打造了一个良好的平台,将她培养成那个时代伟大的芭蕾伶娜之一。除了海蒂之外,克兰科还培养了理查德·艾伦·克拉冈、雷·巴拉、海因茨·克拉斯、埃格内·马德森等诸多优秀的舞者,并在短期内让他们在舞团取得了傲人的成就。

克兰科善于因材施教,更善于发现每个人身上的优缺点并加以开发和利用。他曾经说:"你看到一个演员的第一眼就能注意到他的特质,毕竟每一个演员的身体都有着他自身的特点,然后你就尝试着将这些特质激发出来,并帮助演员们能够更加深刻地认识自己。"克兰科往往能化腐朽为神奇,即便是某位演员身上的缺点,经过他的点拨也会变成长处。

当然,克兰科成功的秘诀并不仅限于此,他最为突出的特点是他所编创作品的戏剧性。尽管有文学剧本做支撑,但是为了突出舞剧的舞蹈特征,文学剧本往往会经过较大的调整和修改,比如在《罗密欧与朱丽叶》中,除了情景和人物大致未变,故事剧情会根据舞蹈的需要进行或多或少的改变,以舞蹈的方式突出人物性格特点,又能兼顾故事的可读性。在《扑克游戏》这部舞剧中,其音乐原本是斯特拉文斯基为了巴兰钦的交响芭蕾创作的,经过克兰科的处理变得更加富有戏剧性和音乐性。在《驯悍记》中,克兰科对莎士比亚的文学剧本进行了现代化改编,使之更加符合现代人的情趣,在轻松搞笑的喜剧氛围中,凸显了人性的关怀和温暖。还有《雾》(1970年)和《卡门》(1971年)等,这些作品都体现了克兰科伟大的戏剧性才华,他通过每一部舞剧,跟观众讲他想讲的故事,在创作中挖掘剧中人物的深层内涵。从创作手法上来说,他立足于古典芭蕾,又放眼于时髦新鲜的现代社会,从而在创作思路上不拘一格,常常会让人有耳目一新的感觉。总体来说,他的写实主义创作思想跟让·乔治·诺维尔有一脉相承之意。在最擅长的双人舞创编上,他吸收了俄罗斯芭蕾演员激情饱满、大开大合的舞蹈动作,尤其是他们漂亮的双人托举动作,给了克兰科很大的启发,因此,他在后来的双人舞作品中,大都设计了轻盈、飘逸的双人托举动作,为作品增色不少。

克兰科在斯图加特芭蕾舞团工作的12年中,总共创作了44部舞剧,其中最有代表性的《罗密欧与朱丽叶》《奥涅金》《驯悍记》享誉国际,至今仍在世界各地的芭蕾舞团上演。克兰科的作品一直是斯图加特芭蕾舞团的主要演出剧目,但他并不满足于此,他经常邀请一些知名编舞家来为舞团创新剧目,比如乔治·巴兰钦、弗雷德里克·阿什顿、约翰·塔拉斯等。同时,他还提出并实施了"青年编舞家"计划,积极提携青年舞蹈家到斯图加特的舞台上锻炼成长,鼓励有理想的青年编导进行创作,当代芭蕾编导威廉·福西斯、乌维·舒兹、雷纳托·扎纳拉、约翰·纽迈耶以及荷兰舞剧院艺术总监里吉里·基利安都是从斯图加特起步的。提携新人在舞团作为优良传统而被继承下来,现在的斯图加特芭蕾舞团仍然是青年编舞家走向成功的摇篮。

1973年6月26日,克兰科在结束了纽约演出季率领舞团返回德国的飞机上,由于服用安眠药产生过敏性反应导致心脏病发不幸病逝,年仅46岁。他的英年早逝震动了世界舞坛,是舞蹈界的巨大损失。克兰科虽然是英国人,但是他对德国芭蕾的发展做出了巨大的贡献,斯图加特的舞蹈学校目前仍以他的名字命名。2007年8月,为了庆祝他诞辰80周年,斯图加特芭蕾舞团在斯图加特举行了"2007年克兰科艺术节",以表达对这位艺术家的深切怀念。

最自由的身体蕴藏最高的智慧
——伊莎多拉·邓肯

生卒年：1877—1927

国籍：美国

成就：美国女舞蹈家、编导、教师，被誉为"美国现代舞之母"

芭蕾自15世纪开始，在经历了18—19世纪的繁荣之后，20世纪初便略显僵化，当演员们无法跳得更高、绷得更直、转得更快、更加轻盈之后，其发展便进入了一个瓶颈期。这时，有人脱掉鞋子、迈开大步子发出了"最自由的身体蕴藏最高的智慧"的呐喊，向传统芭蕾发出"芭蕾一点也不美"的挑战，这个人就是伊莎多拉·邓肯。

1877年，邓肯出生于美国的一个海滨城市旧金山。她的母亲是一个音乐教师，父亲是一个商人。邓肯有一个哥哥、一个姐姐和一个弟弟，在她很小的时候父亲就离开了家庭，母亲独自艰难地带着几个孩子生活。饿肚子是这几个孩子经常遇到的事情，每到这个时候，母亲就会打开琴盖，让一首肖邦或勃拉姆斯的乐曲安抚孩子们饥肠辘辘的肚子，进入梦乡成了忘记饥饿最好的方法。尽管如此，小小的邓肯并没有觉得生活太过艰辛，通常情况下，她最爱在海边自由自在地跳舞，成名以后的她常常说自己的舞蹈启蒙是伴随着潮汐的涨落在妈妈肚子里完成的。到13岁时，她已经能靠教周围孩子跳舞挣钱了，为了让自己显得成熟一些，她将头发盘了起来，同时还让姐姐帮忙一起教邻居家的小朋友。

显示出不俗舞蹈天赋的邓肯，10岁左右时曾经被母亲送到当地一位芭蕾名师那里学习舞蹈。但是习惯了自由跳舞的邓肯在上了三次课以后，就再也不愿意去尝试擦地、勾绷脚了，她跟妈妈说"芭蕾一点也不美"，她的理想是自由跳舞。也许是童言无忌，她对拥有着几百年光辉历史的芭蕾毫无敬畏，但是换个角度来说，当一门艺术已经发展了几百年，一切技术技巧都已到了极致或是有了太多条条框框约束的时候，就到了该突破与回归人性的时候了，毕竟艺术不仅仅是技术。因此，在这种前提下，没有受过多少传统教育制约的邓肯率先开始了自由式舞蹈的探索。

邓肯的过人之处在于她不肯就范当下的传统制约，而是主动向大自然和古代文化伸出了双手。从孩童时期起，她就学会向身边的一草一木寻找舞动的灵感，向蜜蜂、蝴蝶学习如何去挥动翅膀，她通过狄更斯、萨克雷、莎士比亚等艺术大师的著作充实自己的心灵，她还向身边的普通人学习华尔兹、玛祖卡、波尔卡等社交舞。

大量的阅读使邓肯很期待看看外面的世界，因此，她计划离开家乡旧金山去国外生活。第一站她到了芝加哥。起初，为了生存，邓肯不得不背离理想，跳些传统踢踏之类的舞蹈。在渡过了最为困难的时期之后，邓肯便离开了芝加哥，前往纽约寻求发展。她在纽约参加了奥古斯汀·戴利的芭蕾舞剧《仲夏夜之梦》的演出。在这次演出中，邓肯又一次接触了芭蕾，她在剧中表演一个插着翅膀的仙女，至今还有阿提久造型的照片留存。尽管已经不再如幼年时那般排斥芭蕾，但是邓肯仍然在自己自由起舞的道路上一路向前。

1899年，邓肯一家搭乘一艘运牲畜的货船离开纽约前往英国伦敦。在最初到达伦敦的一段时间里，邓肯并没有获得太多的演出机会，生活窘迫，朝不保夕，甚至流落街头，但是即便如此也没有磨灭她的理想。在不列颠博物馆里，她接触到了古希腊艺术，从古希腊雕塑和图片中，她吸取了无尽的灵感，促使她将想象的触角向古代文明延伸。自此，她为自己找到了最适合的舞蹈服装和舞动方式——古希腊人的图尼克长衫，动作像树木摇曳或海浪翻滚，不受技术技巧的干扰和破坏，将人体自然的美表现出来。

在伦敦的第一个演出机会同样是芭蕾，同样是《仲夏夜之梦》，也是同一个角色，只是地点换成了莱瑟姆剧场。在没有剧场演出的时候,邓肯一家找机会在圣乔治公园开了首场自由舞蹈发布会,哥哥雷蒙德朗诵古希腊诗歌,邓肯和姐姐一起穿图尼克长衫翩翩起舞,以表现诗歌的内容。邓肯还表演了独舞《春之歌》,用的是门德尔松的同名音乐,这次发布会的主题是"更加幸福的黄金时代"。这种以古希腊诗歌或音乐为主题的表现形式,构成了邓肯早期舞蹈的主要形式,她在后来的表演生涯中,曾经使用过多位大音乐家的作品,如肖邦、舒伯特、格鲁克、瓦格纳、贝多芬、弗朗克、柴可夫斯基、斯克里亚宾等人的作品。尽管这次公园发布会并没有引起太多人的关注,但是毫无疑问,邓肯初步实现了她的理想。

在伦敦待了没多久,1900年,邓肯又举家前往巴黎,在这里,他们才第一次真正有了属于自己的工作室。当然,工作室也并不完全属于他们,为了节约资金,白天还要出租给别人使用。在法国的岁月里,邓肯在一些名门贵族的沙龙里跳舞,并认识了一大批艺术家,比如大雕塑家罗丹等。此外,她在巴黎歌剧院的图书馆、卢浮宫、国家图书馆等一切能找到舞蹈资料的地方消磨了不少时光。她通过自学的方式,热切地寻求文学、哲学、音乐、美术等知识,并开始对卢梭、惠特曼和尼采三位伟大的诗人和哲学家产生了崇拜。接下来的日子,邓肯进入了一种相对纯粹的创作时期,她解放双足,身着长袍,像古希腊雕像那样起舞,聆听自己的心灵而动。

大概是好事多磨,在1902年一次狼狈的巴黎首演(首演时,经纪人卷走了全部票款,使伴奏乐队没有钱而拒绝伴奏,好心的音乐家观众登台助演,解了困境)之后,邓肯终于正式开始了在法国的早期演出生涯。

邓肯真正在欧洲获得成功是在1905年的德国柏林。在克罗尔剧院的舞台上,柏林爱乐乐团为她伴奏,邓肯跨大步伐,跳前跳后，跳起跳落，仰高头，挥动着臂膀跳舞，她的舞蹈让所有看惯了芭蕾的人震惊。在德国这个现代舞启蒙最早的国家，观众理性而宽容地接纳了这个看似离经叛道的女子，德国民众赋予她"神圣的伊莎多拉"称号，还给了她不菲的演出报酬。有了资金的保障，邓肯决定再向理想近一步——她要在古城雅典的乡村里建造一座属于邓肯家的神庙，然后计划永远留在那里。到了雅典之后，邓肯一家还制订了与柏拉图《理想国》有几分相似的生活计划表。在那份计划表上，她们要日出而起，用欢乐的歌声和舞蹈歌颂太阳，然后喝一碗羊奶振奋精神，上午教当地的居民唱歌跳舞，礼赞希腊诸神，下午用来默想，晚上在合适的音乐伴奏下，举行各种仪式。他们摒弃现代装束而只穿古希腊图尼克长衫，穿古老款式的鞋子，食用绿色蔬菜，成为素食主义者。邓肯一家完全沉浸在自己的精神世界中，忽视了在一座没有水源的石头山上修建一座神庙需要付出怎样的代价。很快，邓肯银行账户里的巨额存款消耗殆尽，她的希腊神庙之梦也像肥皂泡一般破灭。最终，留下建造了一半的神庙，邓肯一家离开雅典来到维也纳，重新出现在公众面前，继续她的剧场演出生活。

邓肯的一生情感生活跌宕起伏，颇具悲剧色彩。她曾经有过几段失败的爱情，但只与比她小10岁的俄国诗人叶赛宁有过一次合法婚姻，最终以叶赛宁自杀的悲剧告终。对于邓肯来说，最大的打击莫过于1913年她意外离开人世的两个孩子。为此，她曾经有很长时间陷入痛苦而无法自拔，尽管在朋友的劝说下，3年后她重新走上舞台，但她的作品风格发生了截然不同的转变。如果说在1913年之前，她的作品是积极、向上、充满阳光和能量、带有神话色彩的，那么在1915年之后，她的作品呈现出更多的悲愤和革命性，更多地反映了身处悲惨命运中的人们的生活,比如《悲怆交响曲》《斯拉夫进行曲》《赎罪》《马赛曲》等等。当然,这跟她所处的不太平的世界局势也有一定的关系,但最终影响邓肯舞蹈风格的,还是她内心经过历练之后的成熟。

邓肯一生创作了很多舞蹈作品,她早期的作品有《春之歌》(1899年)、《酒神巴克科斯》(1901年)、《俄尔普斯》(1902年)、《贝多芬组曲》(1904年)、《伊菲革涅亚在奥里斯》(1905年)、《勃拉姆斯的华尔兹》(1905年)、《肖邦的华尔兹》(1905年)等,第一次世界大战前期的作品有《夜曲》(1915年)、《马赛曲》(1915年),第一次世界大战期间及之后的作品有《奴隶进行曲》、《葬礼进行曲》(1919年)、《国际歌》(1922年)、《革命者》、《俄罗斯工人之歌》、《母亲》(1926—1929年)、《三女神》等。邓肯的舞蹈风格不同于以往任何一种舞蹈,和芭蕾更是大相径庭,她的舞蹈动作除了对古希腊文明的探索,更多的是对大自然的模仿,对舞者心灵的表现。她最为经典的表达方式是"跨大步伐,跳前跳后,跳上跳落,仰起头,挥动臂膀,跳出先人的开拓精神,英雄的刚毅,妇女的公道、仁慈和纯洁,和因此表现出来的母爱和温柔"。

她在每次表演之前,都会花一段时间让自己沉浸其中,给自己的心装上一台舞蹈的发动机,这样,她就可以顺利完成演出。她还得出结论,说舞蹈家最主要的部位是胃后方的太阳神经丛。她的这个结论与后来玛丽·魏格曼的紧张—放松原理相一致,因此,看似随意舞动的邓肯其实很早就开始了动作原理的探索。

虽然邓肯主张每个人都要寻找最适合自己的舞蹈方式,不主张形成系统的教学方法和教材,但是她也曾经在法国、德国、美国等地开办过舞蹈学校,宣传她的自由舞蹈思想,因为种种原因学校没能坚持办下去,最终只留下了她光辉而伟大的自由舞蹈思想。命运多舛的邓肯在经历了无数的荣耀和苦难之后,1927年初夏在一次事故中悲壮地离开人世。当然,她在舞蹈世界中的形象,如纽约自由女神像一般,伫立在所有追求自由舞蹈精神的人心中。

最自由的身体蕴藏最高的智慧——伊莎多拉·邓肯

美国现代舞先驱——洛伊·富勒

生卒年：1862—1928

国籍：美国

成就：现代舞领域里的先行者，最早探索灯光对于舞台表演的作用，是"舞蹈界的居里夫人"

邓肯用她惊世骇俗的自由舞撞开了世界现代舞的大门,为现代舞的发展拉开了序幕。但是在邓肯之前,还有一位特立独行的美国女性,在现代舞的道路上披荆斩棘,开疆辟土,她就是洛伊·富勒。

富勒比邓肯大整整15岁,她1862年生于美国伊利诺伊州的富勒斯堡,由于父母都是戏剧演员,她2岁多刚学会走路的时候,便随父母的巡演团登台演出。承父母衣钵,富勒是从一个戏剧演员开始她的演艺生涯的。早年,她比较擅长反串表演。除此之外,她还参与马戏团和戏剧杂耍中的表演,总之,她的表演五花八门,直到28岁以后,她开始专注于舞蹈表演。

富勒没有出众的身材,也没有高超的舞蹈技巧,但她擅长用服装、道具和灯光等辅助自己表演。在一次舞台剧表演中,她奋力舞动身上的大裙子,以免在表演时被绊倒。这样的舞动使她的裙子飘动起来,像花朵在绽放、像火焰在熊熊燃烧,又像是蝴蝶在翩翩飞舞,舞台效果出人意料的好,得到了观众热烈的鼓掌。在此基础上,富勒对这种舞蹈进行了进一步加工和美化,再配上流动变化的彩色灯光,创造了一种新的舞蹈,她把这个舞蹈命名为"火之舞"。

1892年,富勒带着她的《火之舞》来到巴黎,很快就将巴黎观众的热情点燃。各类艺术家和普通市民们奔走相告,争相观赏这位舞蹈家的精彩表演,演出进行了数百场仍不能满足观众,人们被这种能引起视觉强烈反应的新舞蹈彻底征服了。

和邓肯一样,富勒在表演时喜欢采用肖邦、瓦格纳、勃拉姆斯、舒伯特等名家的音乐作为伴奏。在巴黎观众的热情推动下,富勒很快便推出了一系列作品,比如《蝴蝶》(1892年)、《彩虹》(1893年)、《镭之舞》(1904年)等。

富勒在舞台上如鱼得水,这得益于她对舞台道具、布景、照明等剧场元素的钻研,她不仅对服装的材质进行改进,使之更加轻盈飘逸,同时还在布料上加上磷光盐,使之在灯光的照射下闪闪发光,增加了舞台绚丽的效果。她还对舞台地板进行改革,为了营造出整体绚烂的效果,她用玻璃板做地面,在彩色灯光下,玻璃地板产生五彩斑斓的效果,再在上面舞动闪闪发光的大绸子,会让人不禁产生梦幻感。富勒还善于使用丝绸来为自己的表演增色,比如,在舞台上增加丝绸的用量,直至铺满整个舞台,或是在舞台上悬挂巨幅的染色薄纱,这样,在灯光的映照下,舞蹈显得丰富而绚丽。她还发明了有延长手臂效果的演出服,在袖子两端安装两根短棒,这样可以更大幅度舞动宽大的袖子。

这些绚丽灿烂的舞台表演,获得了观众的青睐,收获的成功和富勒的刻苦钻研是分不开的。富勒曾给自己建了一个实验室,专门用于研究舞台灯光和各种魔幻效果的制作。曾经有一次不成功的实验引起爆炸并烧掉了她的部分头发,可是她没有放弃,她将居里夫人发现的镭光用于自己的舞蹈作品中,创作了《镭之舞》。因为她的这种钻研精神,后人将她比作"舞蹈界的居里夫人"。她对舞台灯光、布景、道具所做的研究和发明给了后人极大的启发和影响。

富勒不仅征服了巴黎,更征服了欧洲观众的心,再回到美国,她已经功成名就,每一个剧场经理人都愿意花高薪聘请她来表演。同时,关注她的还有象征派、印象派和新艺术运动的艺术家们,他们纷纷以她的表演为对象进行艺术创作,比如美术家克劳德·莫奈、卡米尔·毕莎罗,作曲家克劳德·德彪西,等等。尽管在她的整个表演中,没人看得见她的肢体如何运动,也不知道她的腿是否够长、脚背是否绷得够直、足尖有没有立起,但是人们在她舞动时看见了美,她被史学家们认为是真正开启现代舞艺术之门的艺术家。

　　年轻的邓肯在初次闯荡柏林时，曾经跟随富勒的舞蹈团进行演出，邓肯对这位伟大而纯洁的艺术家充满了崇拜，她说："她在我们眼前变换着各种颜色，从发光的兰花到摇动漂浮的浪花，最后是像螺旋般旋转的百合。所有一切如同默林的魔术，光线、颜色和流动形式的魔术。非同凡响的天才！没有一个洛伊·富勒的模仿者曾企及她的天才。我看得入迷了，但是我意识到这是天性的瞬间迸发，是不可复制的。她在观众面前变化了上千种不同颜色的意象，简直难以置信。洛伊·富勒首次将变换颜色和舞动长丝带引入舞蹈中。她也最早将灯光和色彩变换运用到舞蹈中。我晕眩地回到旅馆，完全被这位伟大的艺术家征服了。""在莱比锡，我依然每个晚上都去一个包厢看洛伊·富勒的演出。我越来越热衷于她奇妙的瞬间艺术。这个伟大的人物——她变成了液体，变成了光，变成了每一种颜色和火焰，最后她分解成奇迹般的螺旋形的火焰，飘向无限的时空。"

　　富勒将她的一生都奉献给了舞台事业，没有关于她婚姻的记载，她终身也没有传出半点绯闻。她发明了许多剧场灯光器材，旅行时带着大批舞台技术人员，严格保守她的技术秘密，并严厉谴责那些拙劣的模仿者。1908年，她创办了一所学校，但是她的作品和学校均未能幸存。由于身体的原因，1926年在伦敦的最后一次演出之后，富勒便退出舞台，两年之后去世，留下了一个名为洛伊·富勒的歌舞团，以及她关于光线运用的伟大思想。是她首先变革了舞台灯光的历史，她赋予舞台灯光以生命，将音乐、舞蹈、灯光和色彩有机地融为一体，促进了现代舞乃至整个舞台艺术的发展。

美国现代舞先驱——洛伊·富勒

爱与舞的结合
——丹尼斯-肖恩夫妇

生卒年:露丝·圣·丹尼斯,1879—1968;泰德·肖恩,1891—1972

国籍:美国

成就:丹尼斯和肖恩各有所长,但他们都是美国现代舞的先行者。他俩合作创办了美国历史上第一所正规的现代舞蹈学校,为美国培养了第一批优秀的现代舞舞者。肖恩还创立了世界三大舞蹈节之一的"雅各布之枕"舞蹈节

现代舞的两大发源地分别是德国和美国。在德国,现代舞以20世纪20年代拉班和魏格曼的现代舞活动为开端。在美国,史学家们认为真正打开现代舞局面的要算玛莎·格莱姆,但说到格莱姆,不得不先谈谈她的老师露丝·圣·丹尼斯和泰德·肖恩以及他们的东方情调舞蹈。

露丝·圣·丹尼斯,原名露丝·丹尼斯,1879年出生于美国新泽西的一个农场。她的母亲是一个受过良好教育又酷爱艺术的女性,在母亲的鼓励下,丹尼斯很小就开始学习舞蹈等艺术。她在少年时代学习过交谊舞、长裙舞、朗诵和德尔萨特的表情课程,也在意大利短暂学习过芭蕾。13岁时,她在纽约开始登台跳舞,但仅仅是在台上踢踢腿,表演一些简单的"大腿舞",并且每天表演不下十来次。1898年,19岁的丹尼斯已经出落成一个十分美貌的姑娘,这时,一位叫作大卫·比拉斯克的百老汇制作人和导演正在为自己的舞团寻找一位合适的性格舞演员,参加应聘的丹尼斯成了他比较中意的人选。就这样,丹尼斯加入了大卫的舞团,并参加了舞团在美国和欧洲的巡演。这个时期,在大卫的建议下,露丝·丹尼斯的名字更改为露丝·圣·丹尼斯。在巡演过程中,丹尼斯获得了大量的演出经验,同时有机会接触了印度、日本、埃及和中国等东方国家艺术家的演出,这让她对神秘的东方舞蹈产生了浓厚的兴趣。随后,她开始有意识地跟随一些东方舞者学习舞蹈。

1905年,丹尼斯在和好朋友巴甫洛娃逛街喝汽水时,偶然看到一幅巨大的香烟广告画,画面上埃及女神埃西斯气定神闲地坐在神坛上,眼睛半闭微睁,双手搁在膝盖上,下颌微抬,极富东方神韵。就是这幅看似不起眼的香烟广告画,一下子触动了丹尼斯敏感的内心,仿佛在她的心灵里打开了一扇走向东方舞蹈世界的大门。

1906年,27岁的丹尼斯和她的母亲一道前往伦敦寻求发展。这一时期她创作了一系列富有东方情调的舞蹈,比如《拉达》(1906年)、《香烟袅袅》(1906年)、《眼镜蛇舞》(1906年)、《瑜伽师》(1908年)、《印度舞女》(1913年)等。她的舞蹈以传递东方宗教与艺术的精神和色彩为主,而不是在形式上简单模仿东方舞蹈。1906年3月22日,在一场"东印度音乐会"舞蹈作品发布会之后,丹尼斯开始了她的欧洲旅行演出。充满异国情调的舞蹈风格赢得了众人的赞誉,丹尼斯获得了极大成功。1909年,她回国后名声大振,赢得了众多观众的追捧和一些有钱人的资助。1910年,她酝酿已久的大型舞剧《埃及舞》问世。

1911年后,在美国,独舞的表演形式已经不再受到重视,相应的演出机会也大量减少。为生存所迫,丹尼斯不得不给一些有钱的富家太太进行授课,以缓解经济压力。1912年4月10日,发生了震惊世界的泰坦尼克号沉船事件,这件事不仅影响了世界,还给丹妮斯个人带来影响,因为她的一位重要资助人也殒命其中。因此,沉船事件后,丹尼斯的经济状况每况愈下。

迫不得已,1913年,她开始在自己的演出中增加演员,以吸引更多的观众。1914年,在她35岁时,她遇见了23岁的舞蹈演员泰德·肖恩,他们经常一起表演双人舞。年轻的肖恩不仅给舞团带来了活力,也带来了更多的流行舞蹈,比如拉格泰姆和探戈等。就这样,丹尼斯结束了她的独舞演员生涯,并在1916年与肖恩结为夫妇,结束了她的单身生活,他们成了事业和生活上的共同伴侣。

泰德·肖恩,1891年出生于美国密苏里州的坎萨斯城。他的母亲在他很小时就因故离世,母亲的故去给肖恩留下了难以磨灭的忧伤,因此,他经常向上帝倾诉失去母亲的痛苦。后来,父亲带着他搬到科罗拉多的丹佛继续生活。肖恩在这个城市完成了自己的高中学业，并顺利成为科罗拉多大学的一名大学生。在大学里，他依然深信上帝的存在并选择了宗教专业，如果顺利的话，他计划在毕业后进入基督教部门从事跟宗教相关的工作。但不幸的是，他大学三年级的时候患上了白喉病。这种由白喉杆菌引起的呼吸道急性传染病，极易引起病人的局部病变或全身性病变，损伤人的脑神经甚至引起人的死亡。因此，受到疾病侵袭的肖恩不得不重新学习走路，并积极锻炼增强自己的体质。为了治疗他因病致跛的腿，在医生的建议下，他接受了舞蹈训练作为康复手段。

疾病的发生，改变了肖恩的人生轨迹。21岁时，康复后的肖恩在洛杉矶建立了自己的舞蹈学校，并组建了一个三人小型舞团，参加一些舞蹈演出。不久之后，在别人的帮助下，肖恩参演了自己的第一部舞蹈电影——《舞蹈时代》，肖恩在其中扮演印度的湿婆舞神。1913—1914年，肖恩带着自己的舞团在美国进行了一场巡回演出。在纽约的最后一场演出之后，命运之神安排他遇见了他的舞蹈缪斯——露丝·圣·丹尼斯。

尽管年龄相差12岁，但肖恩和丹尼斯在性格和气质上达到了完美的互补，在事业和生活中也做到了和谐互助，由于对东方舞都有较深的情结，他们的舞蹈思想和理念也达到了高度的统一，这些因素促使他们在事业上有了飞快的进步。1915年，他们在洛杉矶创建了美国第一所正规的舞蹈学校——丹尼斯-肖恩舞蹈学校，并创建了舞蹈团。在肖恩的精心安排下，学校有了完备的教学大纲，较为系统地向学生们传授原始舞蹈、东方舞蹈、德国现代舞和芭蕾等。在教学的同时，丹尼斯和肖恩还积极进行创作演出，为学生们提供演出锻炼的机会。这所学校培养了美国第一批职业现代舞者，比如玛莎·格莱姆、多丽丝·韩福瑞、查尔斯·韦德曼等，丹尼斯-肖恩舞蹈学校成为美国现代舞的主要发源地,如今它在美国许多地方都建了分校。

然而好事多磨,第一次世界大战期间,肖恩由于服兵役被迫中断了自己的舞蹈生涯,直到1919年才回到舞台上。在这期间,丹尼斯率领一个女子舞团继续在国内做巡回演出。1922年,在演出经纪人丹尼尔·麦耶的帮助下,舞团又恢复了往日的辉煌,一度成为美国国内知名度和出场费最高的舞团。他们还在印度、日本、缅甸和中国等东方国家进行为期一年的舞蹈巡演。这是丹尼斯和肖恩跳了那么多年东方舞之后第一次真正踏足东方国家,他们看到了真正的东方舞蹈,这给他们的舞蹈表演提供了很多的灵感源泉,丹尼斯还受到中国舞蹈的启发创作了《白玉观音舞》。

然而,随着舞团的发展,丹尼斯和肖恩在艺术观念方面逐渐产生了分歧。1932年,丹尼斯和肖恩在经过一次长谈之后决定分开,他们在把舞蹈学校的所有服装、道具一把火烧光之后,便各奔东西。他们的舞蹈学校也随之解体,但一直到两个人过世,他们都没有在法律上结束婚姻关系,他们始终都是夫妻。

和丹尼斯分开以后,肖恩始终保持着演员、教师和经理人的身份。1933年,他创建了男子舞蹈团。在该团存在的7年中,他大力发展了男子舞蹈技巧,提高了男子在舞蹈演出中的地位。1940年,他在马萨诸塞州的雅各布斯皮洛农场建立了一所暑期舞蹈学校。1942年,肖恩剧院也在这里落成,每年举行"雅各布之枕"舞蹈节。这个舞蹈节现已成为美国历史最悠久、规模最大的舞蹈汇演之一。肖恩在他漫长的职业舞蹈生涯中,以杰出的组织才能为美国舞蹈,尤其是现代舞奠定了基础。

肖恩的一生创作了240多个舞蹈作品,代表作有《克切塔》(1919年)、《阿多尼斯之死》(1924年)、《毛拉维教派的托钵僧》(1929年)、《被缚的普罗米修斯》(1929年)、《天才的傻瓜》(1930

年）、《物神崇拜》（1933年）、《劳工交响曲》（1934年）、《活力》（1935年）等等。他还撰写了《露丝·圣·丹尼斯——先驱者和先知》《跳舞的神》《美国舞蹈33年》《舞蹈教育基础》《每个细小的动作》等著作以及自传《一千零一夜永垂青史》。在他的作品中，东方宗教色彩比较少，他更注重理性逻辑和动作技术。他提倡音乐应该为舞蹈而作的思想，并专门聘请音乐家为舞蹈创作音乐，注重舞台效果和大学舞蹈教育，为舞蹈得到主流社会的承认做出了巨大的贡献，他被称为"美国舞蹈教育之父"。

在和肖恩分居后，丹尼斯过了一段半隐居生活，只是偶尔在舞台上露面。20世纪40—60年代，她把舞蹈艺术与宗教活动结合起来，又活跃于艺坛。1947年以后，她以好莱坞为基地，到美国各地教学、开讲座、示范表演及拍摄影片，并在电视节目中出现。在生命的最后10年，她的全部作品都以宗教为题材。她的艺术生涯达70年之久。她的代表作有《拉达》（1906年）、《香烟袅袅》（1906年）、《眼镜蛇舞》（1906年）、《瑜伽师》（1908年）、《埃及舞》（1910年）、《印度舞女》（1913年）、《孔雀舞》（1914年）、《白玉观音舞》（1922年）、《霸王别姬》（1926年）等。她被誉为"美国舞蹈的第一夫人"。

1964年8月，在丹尼斯和肖恩结婚50周年之际，"雅各布之枕"舞蹈节为他俩的结婚纪念日举办了一个盛大的庆祝活动。他俩在这个纪念日又进行了人生最后一次合作，他们选择了《歌剧曲调的西达》作为演出剧目，这个舞蹈的创作基础是印度传说，两段舞蹈的每一个动作都是两个人一起做的，此次演出为他俩以及美国现代舞史留下了一个完美的记忆，这是他们分开32年以来首次再度合作演出。1968年，露丝·圣·丹尼斯过世，享年89岁。4年后，肖恩去世，享年81岁。他们的逝世，宣告了丹尼斯-肖恩时代的结束，但是美国现代舞由此逐渐发展壮大起来。

不会说谎的身体——玛莎·格莱姆

生卒年：1894—1991

国籍：美国

成就：20世纪三大艺术巨匠之一，开创了"收缩—伸展"技术体系，创作了180多部舞蹈作品，用舞蹈的方式展现了美国拓荒者的历史

尽管在早期美国现代舞史上有洛伊·富勒的"火之舞"、伊莎多拉·邓肯的赤脚自由舞以及露丝·圣·丹尼斯的"东方舞",但史学家们更倾向于将美国现代舞新纪元算在丹尼斯的学生玛莎·格莱姆身上,这是为何呢?这要从玛莎的早期学习经历说起。

1894年,玛莎出生于美国宾夕法尼亚州匹兹堡的一个普通家庭。她的父亲是一个精神病方面的医生,她的母亲有一个特殊的家族历史,著名的移民船"五月花号"船长迈尔斯·斯坦迪斯是她的祖辈。所以可以说,玛莎的祖辈是最早一批到达美国的欧洲移民者,这样的家族历史曾经影响了她的舞蹈创作。

1898年的一天,玛莎一家告别灰尘漫天的钢铁煤炭城市匹兹堡,举家搬迁到阳光明媚的加州圣芭芭拉,并在那里度过了她丰富多彩的童年生活。玛莎的父亲虽然是一个医生,母亲也没有从事跟艺术相关的工作,但是他们对艺术都有着极大的热情。6岁时,玛莎跟随父母一起观看了木偶戏《庞奇莱缔秀》,奇妙的舞台表演给玛莎幼小的心灵留下了深刻的印象。

1911年,玛莎在洛杉矶的一次旅行中看到了丹尼斯的演出。丹尼斯的东方情调舞蹈激起了玛莎强烈的好奇心,于是在1916年暑期,她怀着极大的热情走进了丹尼斯-肖恩舞蹈学校。之后每年的夏天,她都在那里度过自己的假期,直到3年后,她以优异的成绩毕业留校任教并成为丹尼斯-肖恩舞蹈团的一名演员。

对于玛莎的到来,丹尼斯一开始是这样评价这个女孩子的:"论个头矮了点,论年龄大了点,论长相丑了点。"的确,身材瘦小纤细的玛莎对表演丹尼斯那种需要肢体修长、动作飘逸流畅的舞蹈,显得心有余而力不足,但拗不过玛莎坚持学习舞蹈的决心,肖恩让她广泛涉猎舞校的所有课程后,再选择适合她自己风格的舞蹈。在反复的尝试中,玛莎似乎找到了最符合她口味的表达方式,那就是古朴而又最能撼动人心的原始土风舞。

在丹尼斯-肖恩舞蹈学校开放的教育思想引导下,玛莎的异常禀赋很快就显现出来。一天,在肖恩的一部摩尔人风格的新作品《塞瑞娜塔·莫里西》中,由于女主演生病缺席,排练陷入停顿,这时玛莎自告奋勇承担这个角色。肖恩尽管有些疑虑,但仍然给了她这个机会,经过努力,玛莎完全胜任了这个角色,也是从这支舞开始,玛莎取得了肖恩的信任。在接下来的《艾克奥契特尔》演出中,玛莎表演得相当投入,以至于把肖恩的手臂都咬出血来,而肖恩也狠狠地将她摔在地上。尽管是出于剧情需要这么做,但她那过于真实的表演还是让别人有些吃不消。

在丹尼斯-肖恩舞蹈学校学习并工作了7年之后,由于理念不同,她离开学校并走上独立的道路。她在刚离开的前几年,尚没有形成自己的技术体系,她的舞蹈还是带有东方风格的。随着时间的推移,玛莎开始积极寻找一种更能表达自己的方式,直至最后形成了她独一无二的"收缩—伸展"体系。她不得不尽快形成她个人体系的另外一个现实原因是,丹尼斯-肖恩舞蹈团不允许她独立后再无偿使用他们的舞蹈作品和体系。

尽管最终走向独立,但在丹尼斯-肖恩舞蹈学校的学习过程对于玛莎的意义是毋庸置疑的,丹尼斯打开了玛莎心灵的大门,让她学会如何用肢体语言来表达生命情调。但后来的事实证明,玛莎和丹尼斯在舞蹈理念上有着巨大的差别,如果说丹尼斯是从埃及女神埃西斯身上找到了舞蹈灵感,那么玛莎则将她的注意力更多集中在了现实中的"人"身上。玛莎的父亲是个精神病医生,他曾经跟她说过:"嘴巴会说谎,但是身体不会。"因此,玛莎从小就知道人的身体是最容易泄露内心秘密的,这使她的舞蹈逐渐朝着如何阐释人类内心世界的各种精神和心理活动的方向发展。她说:"我不想做一棵树、一朵花或一片波浪,观众必须从舞蹈家身上看出自己,不是日常活动的摹拟,不是自然现象,不是天外来客行为,而是有动机、有纪律、有集中的某种人类奇迹。"

1926年,玛莎组建了自己的四人舞蹈队,并于同年4月在纽约进行了公演。演出内容大部分是反映美国人的历史文化和生活的,比如《移民》《悔悟者》《青春似火》《耶稣复活节》等,也包含了少量东方风格的舞蹈,比如《中国漆器研究》《三位牧羊女》《亚麻色头发的少女》等。从这次公演可以看出,玛莎的精神触角已经从遥远的东方回归到美国本土,因此,在美国现代舞史上,是玛莎率先将表现的主题放在美国本土文化上,这也是她被舞蹈史学家和评论家认为是开启了美国现代舞新纪元的人的重要原因。

1927年,玛莎在纽约创办了现代舞学校,这个学校后来培养了许多美国重要的舞者,比如默斯·坎宁汉、保罗·泰勒等。

自1926年第一次公演以来,玛莎一直坚持在纽约进行一年一度的舞蹈公演,她的舞团成员也逐渐得到扩充。在这个过程中,她陆续推出了《异教徒》(1929年)、《悲歌》(1930年)、《原始之谜》(1931年)等越来越能代表她个人风格的作品。紧张、急促、顿挫、带棱见角的动作与丹尼斯-肖恩东方舞中甜美、婉约的风格形成了鲜明的对比。不仅如此,她的作品中凸显了人类的各种情感和思想冲突。在《异教徒》中,12名女子身穿黑色长衫,面无表情肩并肩地站着,构成一堵密不透风的人墙。她们的对面是身着白色长衫的玛莎在孤独而绝望地舞动。人墙一会脚步铿锵地集体踏地,一会向后躲避玛莎的进攻,一会又威严地进逼顽强抵抗的"异教徒",最终,在人墙猛烈的踏地声中"异教徒"颓然倒下。舞蹈在表现了现代社会人与人之间的疏离感和陌生感的同时,更突出地表现了现代跟传统之间的对抗。叛逆的舞蹈思想和怪异的舞蹈风格,让玛莎在这个时期没有太多的欣赏者,因此,经济状况窘迫成了必然的结局,演员们不得不穿着玛莎亲手为他们缝制的粗陋长法兰绒舞衣上台表演(这个时期后来被称作"长法兰绒时期"),尽管如此,紧身而富有弹性的舞衣赋予了肢体更为自由的表现空间。

在积极进行创作的同时,1932年,玛莎在本宁顿学院成功创立了第一个舞蹈学士学位,给她的学生们提供了正规、系统的高等学校教育。从1934年开始,她作为始创者,在日后成长为"现代舞麦加"的美国舞蹈节中担任舞蹈教师,一直到1944年为止。

玛莎在艺术创作上有着超乎常人的敏感和锐利,同时在政治上也有着大是大非的坚定立场。1936年,纳粹领导人阿道夫·希特勒曾经盛邀她为柏林奥运会开幕式编排舞蹈。尽管此时正是玛莎需要得到外界更多肯定的时候,但她并没有屈服于纳粹的淫威,而是通过信件拒绝了希特勒的邀请,并明确表示自己不会为纳粹党做任何事。不仅如此,她还编排了反战作品《礼节小品》,用于表达对处于战争中的人们的关怀。

自20世纪40年代起,玛莎开始了以"寻根"为主要方向的创作。她从希腊和希伯来神话或《圣经》中寻找创作灵感,探索人类深邃的心理空间,先后编导了《走出迷宫》《心之窟》《克吕泰姆涅斯特拉》《天使的对话》等作品,这些作品至今仍然在上演。

在1969年退休以前,玛莎一直处于活跃的创作状态,共创作了150多部舞蹈作品,但她更为钟爱的仍然是亲自在舞台上表演。因此,在她76岁不得不放弃舞台生涯时,曾经一度意志消沉,陷入孤独和绝望的境地,直到一个叫作雷诺德·普鲁斯塔的小伙子出现。这个小伙子的鼓励让绝望中的玛莎重新看到了希望,她振作起来,又积极地投入工作中。从1970年到1988年,八九十岁高龄的她，居然又创作了《夜歌》等20多部新作，和她之前的创作加在一起竟然有180部之多。这些作品大部分都是时长为半小时的中型舞剧，其中以《原始之谜》《致世界的公开信》《阿巴拉契亚的春天》《心之窟》《夜之旅》《春之祭》的影响最大。

　　退出舞台的玛莎一直坚持舞蹈创作和写作，直到1991年去世。这位差40天就满97岁高龄的艺术家一生创作了180多部舞蹈作品，创立了一种后来被全世界现代舞者普遍接受的"收缩—伸展"训练体系，形成了她独一无二的另类舞蹈风格，不仅仅为自己一生的事业建起了一座丰碑，更为美国树起了一个高大而强悍的舞蹈形象。她用舞蹈的方式展现了美国拓荒者的历史，也突出表现了这个过程中美国人坚忍不拔的意志和乐观向上的精神。这位奇女子被誉为20世纪除音乐家斯特拉文斯基和画家毕加索之外的第三大艺术巨匠。

倒地—爬起——多丽丝·韩福瑞

生卒年：1895—1958

国籍：美国

成就：创建了"倒地—爬起"的舞蹈原理，并以此为核心，逐步发展出一套具有极高训练价值的技术体系

多丽丝·韩福瑞是丹尼斯-肖恩舞蹈学校中除了玛莎·格莱姆之外又一位杰出的女性舞者。韩福瑞 1895 年出生于美国伊利诺伊州的奥克帕克市，她的母亲是一个小歌舞团的钢琴师。当韩福瑞还是一个小女孩的时候，便开始在芝加哥学习钢琴、芭蕾、舞厅舞、木屐舞、美国式的德尔萨特舞和达尔克罗兹的韵律舞蹈操。15 岁时，她开始尝试教儿童芭蕾和表现舞蹈，18 岁时首次在母亲所在的歌舞团巡演中登台表演。在 22 岁进入丹尼斯-肖恩舞蹈学校之前，她还曾经创办了一所自己的舞蹈学校。但是，当一辈子舞蹈教师并不是韩福瑞最终的目标，她更加渴望能当个舞蹈演员。因此，1917 年，她来到洛杉矶的丹尼斯-肖恩舞蹈学校进行深造。由于极高的天赋和已经受过的舞蹈教育背景，她很快掌握了学校的全部课程，并被吸收加入丹尼斯-肖恩舞蹈团，同时协助丹尼斯进行编导工作。

和玛莎一样，在丹尼斯-肖恩舞蹈团跳遍了所有的东方舞之后，韩福瑞开始反思自己究竟想要什么，难道是一辈子跳虚无缥缈又跟自己毫无关系的东方舞吗？答案显然是否定的。在经过深思熟虑之后，1927 年，在她进入丹尼斯-肖恩舞蹈学校的第十年，韩福瑞选择了离开并重新给自己开创一片天地。与她一起离开的还有同门查尔斯·韦德曼。韩福瑞和韦德曼独立出来之后，很快就建立了自己的舞蹈学校和舞蹈团，并将首次公演日期定在了一年之后的春天。她在公演中表演了在丹尼斯-肖恩舞蹈团时独立创作的《悲剧》与《色彩和声》。同年，她创作了真正表现她编舞实力的舞蹈作品《水的研究》。这个作品是韩福瑞根据邓肯的"波浪原理"创作的，舞蹈中，通过 14 位裸体女子以不同的造型和队形模仿大海中波浪的翻腾、滚动，营造出美的意境，整个舞蹈中的各种形象和因素，都是由"倒地—爬起"的动作原理构成的。舞蹈不使用音乐伴奏，由舞者根据自身的运动节奏达到整体和谐,在翻转与起伏之间,使观者体验到生命的激荡沉浮。

韩福瑞的另一个无音乐伴奏作品是《蜜蜂的生活》(1929年),通过一直萦绕耳边的蜜蜂嗡嗡响声和手掌、胳膊的相互击打声音,韩福瑞表现了蜂王之间的殊死决斗,作品具有强烈的戏剧性。

1930年,韩福瑞、韦德曼、海伦·塔米丽丝和玛莎·格莱姆合力创建了"舞蹈保留节目剧院",用以推出一些经典的现代舞剧目。剧院虽然没存在多久,但在两年内向观众推出了一系列杰作,比如韩福瑞的《编舞华尔兹》《运动戏剧》以及韦德曼的《木偶戏》等。

1931年,在舞蹈保留节目剧院的第二个演出季中,韩福瑞又推出一部经典作品《上帝所选子民之舞》(后改名为《震教徒》)。该作品取材于18世纪至19世纪初期以纽约州本部、英格兰等地为中心的基督教派中震教徒关于"用舞蹈去除罪孽"的仪式。震教徒从英国带来的信仰和教义不允许他们结婚,因此,他们致力于在新大陆营造没有邪恶的纯净社会,并以激烈和有秩序的舞蹈与神灵交流,笃信能在舞蹈中将罪恶震出体外。舞蹈时,教徒们双膝跪地,十指交叉合掌,身体在脚后跟上晃动,同时挥舞着双臂展示他们的虔诚与痴狂。两队男女互相走前退后,保持距离和各自身体的震动,他们小跑,时聚时散,不停地蹦跳,传达他们虔诚的信仰。《震教徒》具有十足的戏剧性和舞蹈性,与《水的研究》一样,成为经典作品。

1932年,《狄俄尼索斯》的公演,是韩福瑞创作里程上的重要转折点,这个作品表现了现代人对古代以少女献祭的看法,充满了浓厚的原始气氛,也表现了原始人简单却强烈的生命情感和生活方式,是韩福瑞对动作本质进行的更为深入的探索。

但真正标志着她进入成熟期的作品是《新舞蹈》(1935年),该作品将注意力转向社会问题,表明"所有人都可以在整体中具有某种有用的职能,而每个人又能在一个和谐集体中保持个性",寄托了她对理想社会的想象。这也标志着美国现代舞正在脱去稚气,走向成熟。

1935年,韩福瑞又相继推出《戏剧作品》《和我的红火焰》,与《新舞蹈》一起构成了三部曲。《戏剧作品》主要表现了日益激烈的生存竞争,《和我的红火焰》则表现了由于长辈的阻挠导致一对恋人分离的悲剧故事。

韩福瑞与韦德曼亲密合作多年,直到1945年,韩福瑞由于居住条件不佳从楼梯上摔下,胯部受伤并留下了严重的后遗症,因此,她不得不退出舞台,她与韦德曼的舞蹈团也随之解散。而后,韩福瑞被她的另一个学生——霍赛·林蒙邀请为他的舞蹈团做艺术指导。在韩福瑞的帮助下,林蒙不仅收获了大量佳作,还在昔日老师"倒地—爬起"的基础上摸索出了林蒙技术,这是可以比肩玛莎·格莱姆的"收缩—伸展"技术和默斯·坎宁汉的"坎宁汉技术"的美国现代舞第三大训练体系。1952年,韩福瑞应邀参加了纽约茱莉亚德音乐学院舞蹈系的创建工作,并在此工作了很多年。

1958年,63岁的韩福瑞在病床上完成了她的传世佳作《编舞艺术》之后,带着遗憾撒手人寰。这本书后来被评论家们称为是"迄今为止出于现代舞名家之手的最重要专著"。书中韩福瑞不仅撰写了一部分世界舞蹈发展史,还将舞蹈当作一种戏剧进行介绍,专门讨论了舞蹈的设计、力度和节奏,并概括了编舞过程中的若干经验教训,是为数不多的理论结合实践的优秀舞蹈工具书。

多丽丝·韩福瑞虽没有玛莎·格莱姆长寿,但她对世界现代舞的革新和贡献也非同小可,她创立了"倒地—爬起"的舞蹈理论并丰富了舞蹈语汇,她的《编舞艺术》始终是编导和演员重要的理论文献,同时,她是第一个分析、撰写舞蹈过程的现代舞蹈家,愿后人对她的深切怀念可以告慰她的在天之灵。

美国芭蕾之父——乔治·巴兰钦

生卒年：1904—1983

国籍：美籍俄国人

成就：现代芭蕾中期最重要的代表人物，美国芭蕾之父，20世纪伟大的编导之一巴兰钦,1904年生于俄国圣彼得堡。他诞生时,父亲为他取名乔治·莫里托诺维奇·巴兰契维奇,20年后,应舞团经纪人佳吉列夫的要求,改名为巴兰钦。巴兰钦的母亲玛丽亚是一个出身平民的圣彼得堡人,没有多少文化,但弹得一手好钢琴,她是少年时期巴兰钦学习钢琴最好的陪练老师。巴兰钦的父亲莫里敦·巴兰契维奇有着良好的乐感和活泼的性格,也是当地小有名气的业余作曲家,他收集和整理了高加索民歌,还创作了大量的合唱作品、弥撒曲以及其他教堂音乐,被当地人称为"乔治亚的格林卡"。

莫里敦·巴兰契维奇交际广泛,经常和朋友们聚集在一起开怀畅饮,并放声大唱乔治亚民歌,他喜欢谈论政治,但并不参与其中,只是把它当作茶余饭后的谈资和消遣。他有三个孩子,巴兰钦是老二,前面有一个女儿塔玛拉,后面还有一个小儿子安德烈。他们一家居住在普通的公寓里,生活虽贫穷,但简单而快乐。直到有一天,莫里敦被告知他中了一笔大奖(大约十万美元)而且免税的时候,他的激动心情可想而知,但这笔钱并没有给家里带来持久富足的生活,而是随着他的投资失败和不断馈赠亲友,很快就败光了。

巴兰钦10岁的时候,跟随母亲及姐姐乘火车来到圣彼得堡。他母亲的计划是让巴兰钦去报考帝国海军学院,让姐姐塔玛拉报考帝国芭蕾舞学校。但在塔玛拉考试的时候,一名考官建议让在一旁等候姐姐的巴兰钦也试试,结果姐姐没考上,巴兰钦却被录取了并且当天就被留在了芭蕾舞学校。整个事情对巴兰钦来说有点突然,他像只被遗弃的小狗,惊慌失措,而他母亲则心满意足带着女儿离开了学校,打算明年再带着塔玛拉来参加考试。

巴兰钦就这样阴差阳错地开始了他的学舞经历。尽管刚开始拒绝、逃离，但最终巴兰钦还是被家人送回了学校继续学习。练习古典芭蕾的基本功是单调枯燥的，为此巴兰钦的成绩在学校里只能勉强过关，直到他二年级的时候参加了帝国芭蕾舞团在马林斯基剧院的一次演出——在《睡美人》中扮演一个小丘比特。尽管只是一个小小的配角，但舞台上的那种梦幻般的感觉激起了这个孩子无限的遐想，突然的洞悉让他一下子爱上了芭蕾，爱上了舞台。从此，他刻苦练功，竭尽全力，争取能多参加帝国芭蕾舞团的演出。

1917年，俄国全面爆发了大革命，布尔什维克推翻了克伦斯基政府，也扫荡了象征着沙皇统治的冬宫。一直在沙皇资助下的帝国芭蕾舞团和舞蹈学校也被迫解散，学生们被赶出学校，自谋生路。在困境中挣扎了一年多以后，巴兰钦终于等来了学校复课的通知，这时候，世界已经发生了天翻地覆的变化，舞团的服务对象从沙皇变成了布尔什维克。和以前的豪华尊贵相比，这时候的舞蹈学校已经成为劳动人民的一部分，他们被要求步行到演出的剧院参加演出，吃、住、行一切都是免费，但"唯一麻烦的是什么也没有，没有车，没有吃的，什么也没有"。

帝国芭蕾舞学校的学习，使巴兰钦成为一个拥有高雅气质的舞者，他全面掌握了古典芭蕾的各种技能要求，练就了一身的舞艺。1921年，巴兰钦从学校毕业，同年进入马林斯基剧院芭蕾舞团成为一名舞蹈演员。同时，他又考入著名的彼得格勒音乐学院继续深造，学习音乐理论和钢琴，那时候他甚至产生了当个音乐家的念头。但所幸的是，他并没有这么做，他最后成为一个拥有深厚音乐功底的舞蹈家，这样的专业背景，为他将来的交响编舞法提供了技术上的支持。

革命改变了世界，也改变了人们的世界观，这一点在年轻人身上尤其得到了体现。一个同时代的朋友在写有关巴兰钦的回忆录时写道："那是个情趣盎然的时代,充满了强烈的创作欲望——是实验的时代,是敢作敢为的时代,是创造现在属于苏联人民的社会主义新艺术的时代。在这些新潮流中,青年人的兴趣自然是极其活跃和敏锐的。他们心急如焚,怀着强烈的愿望要进行大的变革——既要破旧,又要立新。在许多情况下,这是个原则问题,而且是正确的,但有时候也难免暴露出青年人经常暴露的弱点,缺乏深思熟虑,行动莽撞。然而生活永远犹如一泓汩汩清泉,炽烈、紧张。青年们热情奔放地在艺术中创造新的伟大业绩。"

在这样的时代背景下,巴兰钦对古典芭蕾萌生了革新思想。他从古典芭蕾之父彼季帕(又译为佩蒂帕)开始思索,经过福金的现代芭蕾,最后产生了创建"新古典芭蕾"的思想,他创作了以"芭蕾的变迁:从彼季帕、福金到巴兰钦"为标题的舞蹈作品,以此表达自己的革新理念。

如果说彼季帕和福金曾经给巴兰钦留下了深刻影响的话,那么在同时代走红的美国现代舞舞蹈家伊沙多拉·邓肯实际上对巴兰钦也有间接的影响,因为,她的自由舞曾经影响过福金的创作,而福金又影响了巴兰钦,所以巴兰钦的"新古典芭蕾"是受到现代舞观念影响的古典芭蕾。

巴兰钦的一生先后有过4次婚姻,每一位女主人都曾经是他的芭蕾女主角。巴兰钦的第一任妻子叫塔玛拉·吉娃,她性格活泼,不但对舞蹈,而且对其他艺术如诗歌、戏剧、音乐和绘画等都有浓厚的兴趣。她和巴兰钦结婚时年仅16岁,而巴兰钦也才18岁,那是1922年,他们的婚姻仅维持了5年。

1924年,刚经历了战争的俄国国内经济衰败,物质生活极端艰苦,同时,巴兰钦所在的马林斯基剧院又不能给他充分的创作自由,因此,在遇到一个出走机会的时候,巴兰钦毫不犹豫地抓住了它。他和妻子吉娃跟随剧院的一个演出团体，设法到国外去演出并度假，这个团体在当时被称为"苏联国家舞蹈团"。就是这次出国演出，让巴兰钦得以遇见一个后来对他影响深远的舞团经纪人——谢尔盖·佳吉列夫。当时的佳吉列夫也正在设法扩充他的俄罗斯芭蕾舞团。通过互相了解之后，巴兰钦成为佳吉列夫舞团的一名芭蕾舞编导，而在当时，这个舞团是世界上最著名、最杰出的芭蕾舞团。

在回忆中，巴兰钦曾经不无感慨地表示，他所受到的教育，除了在马林斯基剧院，最重要的就是在佳吉列夫的舞团担任编导的时期了，前者让他学会了所有芭蕾舞技巧，而后者则教会他如何巧妙地运用这些技巧。1924年以后，佳吉列夫努力拓展巴兰钦的知识领域，提高他在各方面尤其是绘画方面的修养，并提高他的审美情趣。也是在同一年，巴兰钦创作了两部芭蕾舞剧，分别是《夜莺之歌》和《巴拉布》。在接下来的两年里，他又为舞团创作了《乞讨的天使》《猫》《田园》《海神与猫的凯旋》等作品。这些作品虽然比较受观众欢迎，但并不完全是巴兰钦的得意之作，直到1928年，他创作了一部被自己称为"人生转折点"的重要作品——《阿波罗》。这部作品第一次清楚定下了巴兰钦的个人风格基调——他在爵士乐全盛的时代，形成了新古典主义芭蕾，"这种新的古典主义静谧地体现了古典主义清澈宏伟的优点，而在精神和动作风格上，比正在上演的超现代主义芭蕾舞更现代、更冒险"。

1929年，巴兰钦又为佳吉列夫的舞团创作了两部舞剧《舞会》和《浪子》。其中，《浪子》的主题和情节来自流传了2000多年的路加寓言，故事情节很简单，描述了一个离家闯荡的儿子，在挥霍尽随身所带的财物之后，又回到家中，受到了父亲的欢迎，但激起了另一个留守在家中的儿子的不满。故事中父亲对留守在家中的儿子说："儿啊！你常和我在一起，我所有的一切，不都是你的么？只是你这兄弟，是死而复活、失而复得，所以我们应该欢喜快乐呀！"该寓言故事反映了一种宗教情怀，巴兰钦删减了一些情节，将其用芭蕾舞表现出来。这种方式成了20世纪新的表现方式，继承的是精神，改变的是形式。这部作品也反映了巴兰钦的新古典芭蕾内涵与形式之间的关系。《浪子》的演出获得了巨大的成功，演员利法的激情演绎，也大大增添了该剧的光彩。两个月后，俄罗斯芭蕾舞团的伦敦演出季结束了，不久，舞团经纪人佳吉列夫因为糖尿病在威尼斯逝世，舞团随之解散，巴兰钦失业了。

俄罗斯芭蕾舞团解散以后，巴兰钦在欧洲又过了4年的流浪编导生活。为了生存，他有时候会当兼职舞蹈演员，或是给马戏团的大象编舞，总之，失去了佳吉列夫的领导，巴兰钦开始了自由又冒险的生活。1933年1月，他和一些朋友组建了自己的团——"1933芭蕾舞团"，但只维持了6个月就解散了，毕竟做编导和做舞团经纪人完全不是一回事。正当巴兰钦处在失意、迷茫的低谷中时，一个重要的转机改变了巴兰钦的生活。

林肯·科什坦是美国波士顿一个富商的后裔，和佳吉列夫一样，他在年轻时尝试过各种艺术并在所有艺术中都显示出才能，他曾获得哈佛徒手画大奖，发表过诗集，写作并出版过小说，弹一手好钢琴，收集过美术作品，撰写过绘画和摄影文章。他还是哈佛当代艺术协会的创始人之一，该协会被认为是纽约现代艺术博物馆萌生的发源地。在大学求学期间，他成功地创办过杂志。然而，最吸引他的还是芭蕾舞。他和佳吉列夫之间似乎有着某种神秘的内在联系，1929年，当佳吉列夫的葬礼在威尼斯一个教堂举行的时候，科什坦正好在威尼斯旅游，并在冥冥中参加了这个葬礼，而当时他自己并不知道。

1933 年,在林肯·科什坦的邀请下,巴兰钦去了美国,随后他们合作创办了一所舞蹈学校——美国芭蕾舞学校,并创建了一个舞团——美国芭蕾舞团,由此开启了新古典芭蕾在美国的传播。

《小夜曲》是巴兰钦到美国后创作的第一部作品,这部作品作为纽约市芭蕾舞团的保留剧目,一直演到今天。巴兰钦在谈到这部作品时说:"它像命运,人人背负着命运通过世界,他和一个女人邂逅,他爱上了她,但他的命运却有其他安排。"除了《小夜曲》,巴兰钦 1935 年还推出了《梦幻》《回忆》《出类拔萃》《莫扎特组曲》《浪迹天涯》等芭蕾作品,引起美国艺术界的瞩目。1948 年,美国芭蕾舞团改名为纽约市芭蕾舞团。在该团的前 17 年中,他总共创作了 47 部芭蕾新作,复排或修改了 7 部旧作。新作中最有生命力的是《华尔兹》《苏格兰交响曲》《西部交响曲》《星条旗永不落》《胡桃夹子》《仲夏夜之梦》等作品,复排的作品有《火鸟》《天鹅湖》二幕等。1972 年、1975 年和 1981 年他先后率领纽约市芭蕾舞团隆重举行了斯特拉文斯基、拉威尔和柴可夫斯基艺术节,并由该团上演根据这些音乐家的音乐编演的舞剧作品。从 1920 年到 1981 年的 60 余年间,他共编导了上百部芭蕾舞剧和音乐芭蕾,还为美国培养了一批优秀的芭蕾舞演员。

巴兰钦一生对芭蕾艺术的贡献,不仅使他获得了"美国芭蕾之父"的桂冠,而且被西方评论界赞誉为"20 世纪最富有创造活力的芭蕾编导家之一"。

天鹅之死——安娜·巴甫洛娃

生卒年:1881—1931

国籍:俄国

成就:被誉为20世纪最伟大的芭蕾女演员、不朽的天鹅

在芭蕾的发展过程中,继意大利和法国之后,18世纪中期到19世纪初的俄国成为继承法国白色文化的主要国家。流亡俄国的法国和意大利编导大师有了稳定的生活和优厚的待遇,成了建设俄国古典芭蕾的主力军。在这样的背景下,俄国古典芭蕾崛起了。俄国人高大健美又极具爆发力的身体非常适合这门身体艺术,因此,陆续诞生了许多知名的舞蹈家,比如"三夫三娃"(瓦斯拉夫·尼金斯基、鲁道夫·努里耶夫、米哈伊·巴里什尼科夫、安娜·巴甫洛娃、加琳娜·乌兰诺娃、娜塔莉娅·玛卡洛娃)。其中安娜·巴甫洛娃以其极富抒情和戏剧表现力的表演成为俄国芭蕾最为重要的女性代表人物之一,被誉为"唯一能与19世纪浪漫芭蕾女演员塔里奥尼相媲美、20世纪最伟大的芭蕾女演员"。

安娜·巴甫洛娃,1881年2月12日生于圣彼得堡一个贫民家庭。他的父亲是一个农民,服完兵役之后没多久就撇下巴甫洛娃和她体弱的妈妈撒手人寰了。母亲带着年幼的孩子靠给别人洗衣服艰难为生,尽管日子过得紧紧巴巴,但是在圣诞节那天,母亲还是希望能给孩子一个完美的节日。因此,母亲放下手中所有的活计,从口袋中拿出省吃俭用买来的两张芭蕾舞剧《睡美人》的票,母女俩早早来到了马林斯基剧院等待着演出的开始。

大幕拉开,舞台上金碧辉煌的布景和奥罗拉公主轻盈飘逸的舞步一下子吸引了巴甫洛娃,她是如此入迷以至于自己也想变成奥罗拉公主在舞台上旋转、跳跃。这场演出给予巴甫洛娃的快乐和启迪已经远远超出了妈妈的期望,还没出剧院的大门,巴甫洛娃就一本正经地宣布,将来自己也要做一个公主,也要在这个剧院的舞台上跳舞。就这样,在芭蕾的感召下,小小的巴甫洛娃毫不犹豫地走向了舞蹈大世界。

尽管出生贫穷,但是命运之神还是给了巴甫洛娃诸多的眷

天鹅之死——安娜·巴甫洛娃

117

顾。1891年,在马林斯基剧院附属的帝国芭蕾舞学校的招生考试中,10岁的巴甫洛娃以优秀的身体条件和对舞蹈的渴望赢得了考官的青睐,她在100多个考生中脱颖而出,顺利成为帝国芭蕾舞学校的一名学生。

帝国芭蕾舞学校不收学费,且给予学生的全部是最好的教育。每天和同学们一起起床、吃饭、练功,学习击剑、舞蹈艺术史、化妆和音乐课,巴甫洛娃在学校度过了几年充实而快乐的学习时光。奥布拉科夫、瓦泽姆、盖德特等名师的执教,给巴甫洛娃的舞蹈打下了坚实的基础,而芭蕾中难度最大的脚尖技术,她在日复一日的艰苦练习中也掌握了。

9年刻苦的学习,将巴甫洛娃打造成了一个完美的舞者,毕业后的她考入马林斯基剧院芭蕾舞团做了群舞演员。年轻的姑娘没有就此停下前进的脚步,在工作以后的几年中她充分发挥了自己的聪明才智和吃苦精神,连升四级之后顺利完成了她童年时的梦想——成了芭蕾首席女主演。

巴甫洛娃的成名作是浪漫芭蕾时期的悲剧代表作《吉赛尔》。这部舞剧不仅要求演员具有十分丰富细腻的情感表达能力,还需要具备精湛的动作技术。擅长戏剧化表演的巴甫洛娃不仅在表现力上完全胜任了这部舞剧的需要,在技术上也丝毫没有一点缺憾,完美地胜任了剧中的悲情女主角,她在自己后来的表演生涯中经常表演此剧。

巴甫洛娃一生中的经典作品很多,其中最为经典的《天鹅之死》却是出于一个偶然的机会得到的。1905年冬天,刚晋升女首席的巴甫洛娃准备在一个募捐义演活动中表演一个独舞节目,但苦于没有合适的作品,正着急之际,她突然想到了自己的好朋友、著名的编导福金,便即刻出门来到了福金的家里。当时的福金正在欣赏圣·桑的《动物狂欢节》组曲中的《天鹅》,哀婉又如泣如诉的大提琴声让福金沉浸在其中,甚至都没有注意到巴甫洛娃的来临。在女首席说明来意之后,还没有完全从乐曲中走出来的福金看着眼前亭亭玉立而又略带焦灼的女子,仿佛看到了一只美丽的白天鹅在忧伤地起舞。很快,一个凄美的天鹅之舞已经在编导家心中,福金在前面示范,巴甫洛娃很快就跟上了编导的脚步,短短十几分钟,他们就完成了这个流传百年而不朽的经典之作。一束雪白的灯光照射中,洁白无瑕的天鹅在舞台上踯躅起舞,掩不住对生的眷恋,她一次次努力舒展身体、扬起头颅,却难抵死神的进犯,在挣扎与绝望中,她最后一次伸长了脖子,然后慢慢、慢慢地垂了下去,再也没有起来。这样一个只有一分多钟的舞蹈,没有太多的炫技,也没有复杂的剧情,但牢牢地抓住了观众的心。这部短小精悍的作品后来不仅成了巴甫洛娃的拿手之作,也成了诸多著名芭蕾女演员的看家之作,比如现代芭蕾女演员普利谢茨卡娅在看了巴甫洛娃的表演之后,一生中演了不下5000场《天鹅之死》。

《天鹅之死》的成功,为巴甫洛娃与福金的合作拉开了序幕,接下来的3年中,《葡萄树》《欧妮斯》《埃及之夜》《阿尔米达之宫》《肖邦组曲》等作品陆续上演,巴甫洛娃作为主演跳遍了这些剧目。成名之后的巴甫洛娃没有待在家里享受成功带来的喜悦,而是很快就投入到海外巡演上,布拉格、柏林、斯德哥尔摩等地的成功演出,给巴甫洛娃的海外首秀留下了完美的记忆。

1909年,巴甫洛娃曾经参加了著名经纪人佳吉列夫的俄罗斯芭蕾舞团在欧洲等地的巡演,但由于观念上的问题,她与佳吉列夫之间产生了不可调和的矛盾。巴甫洛娃所受到的古典芭蕾训练在她身上已经有了根深蒂固的影响,因此,对于佳吉列夫提出让她表演现代芭蕾的意见,她很难接受,也几乎做不到。斯特拉文斯基的现代音乐让她完全找不到抒情和美的感觉,单是那些错杂的节拍就让她受够了委屈,更不用说那些音乐所带给她的强烈不悦感了,因此,巴甫洛娃离开了俄罗斯芭蕾舞团,继续走自己古典芭蕾的路线。

1913年,巴甫洛娃在英国定居,并在那里建立了自己的舞团。可能是出身贫苦的缘故,她了解穷人家孩子接触到芭蕾艺术的不易。她一生秉承"要为天下所有人跳舞"的思想,在她成名之后的20年间,她在世界各国不断进行巡演,伦敦、巴黎、日本、中国、菲律宾、缅甸、印度、澳大利亚甚至非洲的埃及等地,她都去过,行程约50万英里,观众不计其数。在这个过程中,她启迪了千千万万的青少年对于舞蹈的热爱,比如英国的弗雷德里克·阿什顿、澳大利亚的赫尔普曼和印度的香卡等,都因为看了巴甫洛娃的演出而走上学习舞蹈的道路。曾经说"芭蕾一点也不美"的美国现代舞先驱之一伊莎多拉·邓肯在观看过巴甫洛娃的演出以后,也不由得赞叹芭蕾真美。

在她巡演的过程中,还有一些有趣的事发生。比如,一次在巴黎的演出前,巴甫洛娃来到剧院准备练舞,担任钢琴伴奏的是一位彬彬有礼的男士,巴甫洛娃请他弹奏圣·桑的《天鹅》音乐。在弹的过程中,巴甫洛娃认为其中有一段的速度过慢,要求他弹快一些,并说圣·桑的原作比他弹得快,这时男士起身很有礼貌地给巴甫洛娃鞠了一躬说:"我就是圣·桑。"这个有趣的故事说明了法国人对巴甫洛娃的无比喜爱和尊重。

巴甫洛娃一生跳过的芭蕾剧目数不胜数,其中较为著名的有《睡美人》《唐·吉诃德》《天鹅之死》《帕基塔》《舞姬》《法老的女儿》《吉赛尔》等,合作过的编导大师有佩蒂帕、圣莱昂、佩罗、福金等,除此之外,她还自编自演过一些作品,比如《秋叶》《蜻蜓》《加利福尼亚罂粟》《圣诞节》《简单的回旋曲》等。

巴甫洛娃作为世界知名的大舞蹈家,她最为人们所称道的并不是高超的身体技术,她的单脚旋转不会超过3个,芭蕾伶娜的试金石"三十二个挥鞭转"她也不曾拥有,她的优秀一是体现在舞姿的优美、平稳和优雅的线条上,二是她充满戏剧化的生动表演,为观众营造了一种诗意横生、纯净高雅的艺术氛围。

巴甫洛娃在世界芭蕾史上的位置,可以与19世纪浪漫主义芭蕾时期的塔里奥尼相媲美。除此之外,她长期致力于在世界各地进行舞蹈的传播与普及,对推动芭蕾在世界范围内的发展,做出了不可磨灭的贡献。

1931年1月,巴甫洛娃在荷兰海牙巡演时由于过度劳累不幸患病离世,临终前还不忘吩咐女仆为自己准备好天鹅裙。噩耗传到伦敦,当时正在演出的英国皇家芭蕾舞团立即终止了演出,同时宣布由巴甫洛娃为观众表演《天鹅之死》,大幕徐徐拉开,哀婉的大提琴声响起,舞台上空无一人,只有一束追光缓缓移动……

俄国芭蕾教育家
——阿格丽彼娜·瓦冈诺娃

生卒年：1879—1951

国籍：俄国

成就：俄国芭蕾表演家、教育家，列宁格勒芭蕾舞学校校长，俄国现代芭蕾奠基人

俄罗斯列宁格勒芭蕾舞学校在19世纪末20世纪初为世界培养了一大批芭蕾编导和明星，比如米歇尔·福金、安娜·巴甫洛娃、乔治·巴兰钦、加琳娜·乌兰诺娃、娜塔莉娅·玛卡洛娃、瓦斯拉夫·尼金斯基、鲁道夫·努里耶夫、米哈伊·巴里什尼科夫等等。有一个人虽然不是明星，也没有在编导领域有什么傲人的成绩，但是她对俄国的舞蹈教育做出了非同凡响的贡献，这个人就是阿格丽彼娜·瓦冈诺娃。

要说瓦冈诺娃对俄国芭蕾教育有多大的影响，我们先来看看这一长串芭蕾明星的名字，马琳娜·谢苗诺娃、玛丽娅·普利谢茨卡娅、约尔丹、阿尼西莫娃、加琳娜·乌兰诺娃、塔基亚娜·维切斯洛娃、娜塔莉亚·杜金斯卡娅、弗娜·巴拉比娜、吉娜依达·瓦西里耶娃、阿拉·谢列斯特、雅斯特列波娃、刘波夫等等，以及用她名字命名的舞蹈学校——瓦冈诺娃芭蕾舞学校。

谈到这所学校，我们先来看下它的历史。瓦冈诺娃芭蕾舞学校的前身——"帝国芭蕾舞学校"创建于1738年，坐落在圣彼得堡涅瓦大街的罗西街上。该校最初是由在俄国宫廷教舞的法国舞蹈教师让·巴蒂斯塔·兰代上书女皇申请开办的，建校初期，邀请法国巴黎歌剧院芭蕾舞团和意大利舞蹈教师前来执教，直到1786年伊万·瓦尔贝赫从学校毕业，成为俄国第一位本国舞蹈编导和教师。1917年，俄国十月革命之后，圣彼得堡改名为列宁格勒，帝国芭蕾舞学校在遭到解散之后，又在原址基础上创建了列宁格勒芭蕾舞学校。同一年，瓦冈诺娃以教师的身份加入学校，在此后的几十年中，培养了一代又一代芭蕾教育家和舞蹈家。1957年，为表彰瓦冈诺娃的杰出贡献，学校更名为"瓦冈诺娃芭蕾舞学校"，1991年又升级为"瓦冈诺娃芭蕾舞学院"，列入高等院校编制。马林斯基剧院（曾用名基洛夫歌剧院）作为跟学校合作的表演团体，为学校的学生提供了演出实践的舞台,舞蹈学校则为剧院提供了源源不断的演员。

　　作为一个对俄国舞蹈教育事业有如此重要影响的人物,瓦冈诺娃的背后又有着怎么样的故事呢?

　　阿格丽彼娜·瓦冈诺娃,1879年6月24日生于圣彼得堡。童年的瓦冈诺娃就表现出对舞蹈的极大兴趣,出生在圣彼得堡让她有机会从小就受到来自帝国芭蕾舞剧院的熏陶,最为重要的是,她还天生具有一双十分外开的"八字脚",因此,她10岁时便靠自己的能力考进了帝国芭蕾舞学校。

　　在学校的学习过程中,她得到了奥博拉珂夫、伊万诺夫、瓦齐姆、约翰逊、盖尔特等人的指点和亲授。帝国芭蕾舞学校的课程中,除了常规的教学之外,每年学生都有大量机会参加马林斯基剧院、亚历山大剧院和米哈伊洛夫剧院的演出。儿童也有机会参与其中,比如,低年级的学生可以演《叶尔盖尼·奥涅金》中的村童、《黑桃皇后》中花园里奔跑的孩子、《水仙女》和《罗格尼达》中的那些女孩子们等等,在歌剧《科尔杰里雅》中,孩子们戴着风帽,手持火把加入送葬的队伍,在歌剧《浮士德》中扮演广场上溜达的小孩,甚至在《睡美人》《胡桃夹子》《法老的女儿》《印度舞女》《巴赫伊塔》等舞剧中扮演蝴蝶、蜜蜂、蚂蚱、蜻蜓等等。紧张而愉快的演出与严格的课程学习,一起构成了瓦冈诺娃在舞蹈学校的全部生活。

　　瓦冈诺娃在帝国芭蕾舞学校学习时是个认真而又有天赋的孩子,比如她在三年级的时候,扮演独幕舞剧《奇谭》中的仙人角色,还在舞剧《巴赫伊塔》中跳花环舞,四年级的时候,又在伊万诺夫的《魔笛》中扮演佃户的妻子,而丈夫的扮演者是后来大名鼎鼎的舞蹈编导米歇尔·福金。1896年,瓦冈诺娃毕业前一年,学校的舞蹈教师契开基打算将瓦冈诺娃吸收进自己的班级(优秀班级)学习,尽管后来由于校方领导的反对而未成功,但证明了瓦冈诺娃是很受老师器重的学生。

在1897年的毕业考试中,瓦冈诺娃在独幕舞剧《美珍珠》(编舞佩蒂帕)和《爱神的嬉戏》(编舞伊万诺夫)中表演了重要的独舞角色,她的表演得到了佩蒂帕与约翰逊的肯定和极大赞扬。

瓦冈诺娃毕业后进入马林斯基剧院担任群舞演员。跟很多刚参加工作的年轻人一样,她得从底层开始干起。工作后她参演的第一个作品是在佩蒂帕的四幕舞剧《姆拉达》中表演一个不起眼的小角色。"她被放在舞蹈队的最末一列,像是一簇影子中间的一个",这在像马林斯基剧院这样的国家级院团中是很正常的事情。通常情况下,一个舞蹈演员需要在群舞中磨练很多年,等到领舞或独舞演员退休或其他原因离开,群舞演员才有机会向上晋升,有的甚至一辈子待在群舞队里直到退休。

瓦冈诺娃在她演员生涯的前四年,没有担任过任何重要的角色,一直到1901年的一天,瓦岗诺娃参加了里加特的三幕舞剧《一场虚惊》中一段双人舞的表演,由她和一位莫斯科的舞蹈家科兹洛夫合作。演出结束以后,媒体对她给出了相当高的评价,并且特别指明她在跳变奏时的跳跃极为轻盈、流畅,因此,在这次演出之后,她被大家公认为是"最佳的变奏舞蹈家"。随后,她又在舞剧《巴赫伊塔》《唐·吉诃德》《印度舞女》《海马》《海盗》中跳了一系列的女子变奏。她的变奏非常受观众的欢迎,以至于从1902年起,在《印度舞女》中的女子变奏已经被习惯地称为"瓦冈诺娃式变奏"了。1916年,她在舞剧《小溪》中做了告别性纪念演出之后,便告别舞台走上了教师的岗位。为此新闻媒体发表了不少文章以表遗憾,比如《彼得堡时报》发表文章说:人们忽略了一位头等的舞蹈家,她舞步轻盈,有很高的舞蹈天赋和长期苦练所获得的优秀技巧……她在我们的舞剧中占有重要的地位。

中国有句古话说"是金子总会发光"，从小酷爱舞蹈并接受了8年古典芭蕾严格训练，又在马林斯基剧院舞台上摸爬滚打了19年的瓦冈诺娃，虽然没能获得首席女演员的荣誉，但是在她开始从事教学工作以后，这种情况发生了完全的扭转。

从1917年开始，已年近不惑的瓦冈诺娃开始在俄罗斯舞蹈学校从事舞蹈教学工作，1921年转到列宁格勒芭蕾舞学校，主要教授提高班和教学法。在后来几十年的教学过程中，她逐渐摸索并发展出了"瓦冈诺娃芭蕾教学体系"，并在此基础上编写了俄罗斯芭蕾史上最为重要的著作之——《古典芭蕾基础》（1934年），这本书一经出版便得到普遍认可，再版六次，并翻译成各国文字，至今仍是这门课的权威教材。

瓦冈诺娃在教学中特别强调芭蕾的思想性和表现力，反对为了技术而技术，反对照搬前人的教法和不明就里地不停重复动作，她要求学生在完成一个舞蹈句子时要有立体感，善于突出其中的主要动作。她反对灵感式的教学方法，主张每堂课、每个训练组合都具有目的性，使课堂教学更加合理和严谨。

在瓦冈诺娃的努力下，她培养了包括乌兰诺娃在内的一大批优秀舞蹈演员和教育工作者，即便在她去世以后，秉承她的舞蹈教育思想，瓦冈诺娃芭蕾舞学校仍然在为世界古典芭蕾艺术培养优秀人才。

伟大的艺术家——加琳娜·乌兰诺娃

生卒年:1910—1998

国籍:俄国

成就:俄国芭蕾表演艺术家、教育家,20世纪伟大的芭蕾女演员之一

"像云一样柔软,像风一样轻,比月亮更明亮,比夜更宁静。人体在太空里游行。不是天上的仙女,却是人间的女神,比梦更美,比幻想更动人——是劳动创造的结晶。"这是中国现代诗人艾青在苏联观看舞蹈家乌兰诺娃表演《小夜曲》时,受到启发写下的诗篇。

加琳娜·乌兰诺娃,1910年生于圣彼得堡的一个芭蕾世家,母亲罗曼诺娃是基洛夫芭蕾舞团(即后来的马林斯基剧院芭蕾舞团)的一名芭蕾演员兼列宁格勒芭蕾舞学校教师,父亲乌兰诺夫则是基洛夫芭蕾舞团的芭蕾导演和舞台监督。这样的家庭自小就给了乌兰诺娃舞蹈的熏陶,她经常在台下观看妈妈在舞台上翩翩起舞,妈妈也经常给她讲舞剧里的故事。尽管如此,乌兰诺娃的母亲并没有打算让女儿跟自己一样从事舞蹈职业,因为她知道这一行业竞争的残酷以及背后所要付出的努力。

乌兰诺娃从小体弱多病,荨麻疹、猩红热、腮腺炎、黄疸等疾病她基本都患过,好在她命大,都挺了过来。少年时期的她,出落得瘦瘦高高的,毕竟遗传了父母的好基因,是一块跳舞的好料子。她的动作轻松灵巧,她对美的事物特别敏感,尤其喜爱音乐。当母亲发现她这些特点之后,思来想去,最终还是决定让她去学跳舞,毕竟舞蹈也是一项强身健体的运动。就这样,1919年9月,这个瘦弱、敏感又羞涩的小女孩在她9岁的时候正式走进了列宁格勒芭蕾舞学校的教室,被安排在她妈妈所教的一个低年级古典舞班里。

乌兰诺娃虽然遗传了父母良好的舞蹈基因,但体质较弱,常常由于枯燥和大运动量的训练而感到疲劳和厌烦,她天生羞怯的性格也让她在老师提问时不敢大声回答,甚至是不敢抬头看老师的眼睛。她哭着恳求母亲把她带回家,她不想上课,也不想当芭蕾演员,但是妈妈既然已经决定送她来学跳舞,就不会轻易放弃,因此,尽管不情愿,乌兰诺娃还是坚持了下来。后来她说:"我清晰地记得夏天放假的日子里,每天早晨都要站在'可憎的'把杆旁,开始永无止境的形体训练。那时我曾多么憎恨这门'凶狠的艺术',多么希望抛弃这一切,跟大家一样跑到湖边划船、游泳。"幸好她当时没这么做。

　　乌兰诺娃对舞蹈的兴趣被一点点培养了起来。7年以后,1926年的一天,她和同学们一起参加了舞剧《护身符》的演出。就像她常常观看妈妈演出一样,这次妈妈在台下当了观众,津津有味地看节目,妈妈发现其中一个小演员的表演有激情又很吸引人,仔细一看,那个小演员居然就是自己的女儿乌兰诺娃,妈妈激动得热泪盈眶,而乌兰诺娃也在演出后得到了妈妈大大的赞扬和鼓励。

　　乌兰诺娃后来被转到了瓦冈诺娃的高级班里。瓦冈诺娃是俄国杰出的古典芭蕾名师,她培养的学生中有很多都成了明星或是知名的舞蹈教师,比如马琳娜·谢苗诺娃、玛丽娅·普利谢茨卡娅、约尔丹、阿尼西莫娃、塔基亚娜·维切斯洛娃等等。她最擅长的是在教给学生们科学系统的运动方法的同时,根据学生的个人特点鼓励他们形成自己的舞蹈风格。乌兰诺娃在瓦冈诺娃的调教下,平衡发展了整个形体造型,也逐渐形成了自己轻盈、优美、抒情、梦幻的舞蹈风格。在毕业演出典礼上,她表演了《仙女们》中夹心糖仙子和王子的慢板舞蹈,充分展示了她的特长。瓦冈诺娃的科学训练方法使乌兰诺娃的舞蹈技术得到了显著的提高,这为她日后成为世界级舞蹈演员奠定了基础。1928年,乌兰诺娃从舞校毕业以后进入基洛夫歌剧院工作。她一边工作,一边仍然坚持在瓦冈诺娃的演员进修班里继续学习了16年。

　　毕业后的乌兰诺娃进入基洛夫芭蕾舞团任主要演员,她很快就跳遍了剧院的所有经典剧目,包括《吉赛尔》和《天鹅湖》中的女主角。在扎哈罗夫的芭蕾舞剧《巴赫奇萨拉伊的泪泉》中,24岁的乌兰诺娃成功演绎了女主角玛利亚,从而将自己推向舞团的重要位置。

1935年,25岁的乌兰诺娃被莫斯科大剧院芭蕾舞团借去担任女主演,此后她主演了一系列芭蕾舞剧,如《幻灭》(1935年)、《罗密欧与朱丽叶》(1940年)、《红罂粟花》(1949年)、《宝石花》(1954年)等。1944年,乌兰诺娃被正式调入该团,成为该团的女首席。自1945年起,乌兰诺娃随舞团赴世界各地演出,其中包括意大利的佛罗伦萨和英国伦敦皇家歌剧院,在世界范围内扩大了俄国古典芭蕾的影响,也赢得了各国同行和普通观众对她以及俄国芭蕾的广泛赞誉,乌兰诺娃被誉为20世纪伟大的芭蕾艺术家之一。

乌兰诺娃的表演富有诗情画意,刻画人物丰富而细腻,善于表现人物的复杂心理。她属于舞蹈表演的表现派,反对为了技术而技术,主张以情感人,将技术、技巧巧妙地融入情感表现中,所表现出来的动作自然、流畅、抒情又高贵。鉴于她对苏联舞蹈事业的贡献,政府曾两次给她颁发"社会主义劳动英雄"称号,并多次授予她列宁奖金和苏联国家奖金。1951年,她荣获苏联人民演员称号并担任第1—6届瓦尔纳和莫斯科国际芭蕾舞比赛的评委会主席。

1962年,乌兰诺娃从台前转入幕后,成为莫斯科大剧院的芭蕾舞艺术总监和舞蹈教师,为青年演员们传授自己的宝贵经验。

在事业上乌兰诺娃可以算得上顺风顺水,但是在个人感情上,她经历了命运的坎坷起伏。她的第一个飞行员男朋友由于空难事故离开人世,在遭受重大打击后,她沉沦了许久。之后,她嫁给了一个大她16岁的戏剧大师,但由于性格的差异,两人没多久就分开了。后来,乌兰诺娃嫁给了大她8岁的剧院总设计师瓦季姆·伦金,这段婚姻一直持续到1974年伦金的离世。之后乌兰诺娃没有再嫁。晚年给乌兰诺娃带来些许安慰的是她的卷毛犬和养女塔季扬娜,但随着卷毛犬和养女的前后离世,乌兰诺娃的生活又陷入了孤独的境地,直到1998年3月她在莫斯科告别了这个给她带来太多离别的世界,享年88岁。

最佳的吉赛尔
——娜塔莉娅·玛卡洛娃

生卒年:1940—

国籍:俄国

成就:俄国著名芭蕾表演艺术家,20世纪70年代最佳"吉赛尔"表演者,世界伟大的芭蕾女演员之一

20世纪的俄国培养了一大批优秀的舞者,其中影响力较大的男舞者分别是瓦斯拉夫·尼金斯基、鲁道夫·努里耶夫、米哈伊·巴里什尼科夫,被人们称为芭蕾"三夫",女舞者分别是安娜·巴甫洛娃、加琳娜·乌兰诺娃和娜塔莉娅·玛卡洛娃,被人们称为芭蕾"三娃"。其中,玛卡洛娃因比较擅长表演浪漫芭蕾代表作《吉赛尔》中的女主角,被称为"20世纪70年代最佳吉赛尔"和"50年来最好的芭蕾女明星"。

　　1940年10月21日,娜塔莉娅·玛卡洛娃出生在列宁格勒的一个普通家庭。她的祖父是个建筑师,父亲是个工程师。由于第二次世界大战期间她的家乡遭到纳粹近3年的围困,她的父亲在一次对敌战争中不幸牺牲。1952年,她参加了少年宫舞蹈班的学习,开始接触芭蕾,第二年的一次汇报演出中,她被列宁格勒芭蕾舞学校(后来的瓦冈诺娃芭蕾舞学校)的老师看中,由此开始了正式的芭蕾舞学习。

　　玛卡洛娃进入舞蹈学校之后,被安排到一个6年速成班学习。在这个班里,要用6年的时间完成正常需要9年时间的课程,因此,她的课程安排得非常紧凑而严格,训练强度近乎残酷。尽管如此,玛卡洛娃还是感觉自己的训练不够,所以除了大量的刻苦练习之外,她还通过阅读大量的古典文学、哲学和宗教等图书,以增强自己的文学素养和理解能力。

　　19岁时,玛卡洛娃从舞蹈学校毕业,她以细腻的表演赢得了"善于通过规范的芭蕾技术表现人类心灵的抒情女演员"称号。同年,她进入俄国基洛夫芭蕾舞团做了女主演。年轻的玛卡洛娃很快就跳遍了古典芭蕾保留剧目中的女主角。也许是她6年的学习时间过短,基础不够扎实,也可能是她饱读书籍后更加强调情感的表达,她在演绎作品中,并不太注重太多高难技巧的展示,而是更在意动作的抒情性和表演性。也正是她所具备的这个特征,让她被人们认为是继巴甫洛娃和乌兰诺娃之后的又一位抒情女明星。

　　基洛夫芭蕾舞团根据她长于抒情的特点,给她创造了很多机会,比如让她在《罗密欧与朱丽叶》《巴赫奇萨拉伊的泪泉》《吉赛尔》《天鹅湖》中扮演女主角,充分发挥她的戏剧才能,尤其是在《吉赛尔》中,玛卡洛娃得到了充分的展示。《吉赛尔》历来是浪漫芭蕾中重要的剧目之一,因为主人公在剧中有人和鬼的两种气质表演,所以演员必须在技术和表演方面都有高度的才华方可以胜任剧中的角色。玛卡洛娃在第一幕中将少女吉赛尔的热情和天真以及知道真相后的绝望、崩溃和死亡表演得淋漓尽致,扣人心弦;在第二幕中,又将化为鬼魂之后吉赛尔那如影子般的飘忽、纯净、冰冷的气质表现得细致入微。正是凭借在《吉赛尔》中的优异表现,玛卡洛娃在1965年保加利亚瓦尔纳大赛中技压群芳,获得了最高的荣誉,也赢得了"20世纪70年代最佳吉赛尔"的美誉。

　　尽管《吉赛尔》为玛卡洛娃提供了绝佳的施展机会,但实际上她在演绎其他任何一部作品时,都会特别注重内涵的表达,突出了她"抒情芭蕾女明星"的特点。比如在《天鹅湖》中,即便是同样的舞蹈动作和造型,她也能演绎出与众不同的"天鹅"来,最为明显的区别是在每个舞段的结束造型时,她不会由于造型的静止而停止情感的表达,往往会给人一种意犹未尽的感觉。

　　出色的表演为玛卡洛娃赢得了很多荣誉,也使她成为基洛夫芭蕾舞团甚至是整个俄国芭蕾界的宠儿,但即便如此,她还是渐渐感到了不满足。主要是因为在20世纪60—70年代,基洛夫芭蕾舞团在谢尔盖耶夫和别尔斯基的领导下,处于十分封闭和落后的状态,拒绝西方新鲜事物的传入,固守有限的古典芭蕾剧目,止步不前,同世界芭蕾界完全隔离开来,稍微有时代感的作品都会遭到禁演,演员们也得不到发展和进步。由于玛卡洛娃曾经尝试跳过编导卡拉扬·格列佐夫斯基、莱奥纳德·詹科森的现代芭蕾作品和俄国先锋派革命诗人弗拉基米尔戏剧中的舞蹈部分,在当时的苏联芭蕾界显得过于激进,基洛夫芭蕾舞团在1965—1970年不再给她任何新的角色,甚至有些为她量身定做的作品也被禁演。相比较年长她两岁的师兄鲁道夫·努里耶夫(1961年离开基洛夫芭蕾舞团,前往英国发展)在西方国家所获得的成长和成就,自己专业上的停滞不前,让年轻的玛卡洛娃感到十分不满和失望。

20世纪的美国舞蹈有了长足的发展,既有大批从俄国过去的受过系统古典芭蕾教育的编导和舞者,比如莫尔德金、米歇尔·福金、阿尔道夫·波尔姆、乔治·巴兰钦、阿里山德拉·达尼洛娃等,也有美国本土培养的现代舞蹈家,比如玛莎·格莱姆、保罗·泰勒、多丽丝·韩福瑞等,各种古典和现代派艺术在美国得到了充分的融合,开辟了现代芭蕾的新时代。

1970年8月,玛卡洛娃随基洛夫芭蕾舞团到伦敦巡演。演出结束后,在朋友们的劝说和帮助下,她脱离舞团在英国寻求庇护。同年12月,她加入美国芭蕾舞剧院,从此开始了她人生新的阶段。

美国芭蕾舞剧院成立于1940年,最初有11位编导、85名演员,其中较为著名的编导有杰罗姆·罗宾斯、安东尼·图德、格林·泰特莱以及埃尔文·艾利等。玛卡洛娃在这里充分接触了西方现代舞,并参演了大批现代芭蕾作品,比如《紫丁香花园》《忧郁的挽歌》《主题与变奏》《阿波罗》《幽灵王国》《春之祭》《火鸟》《协奏曲》《摩尔人的帕凡舞》《四人舞》《练习曲》等等,为她的艺术生涯开启了一段全新的旅程。她的抒情性特质也有了新的发展,比如,自1972年起,她成为英国皇家芭蕾舞团的客席舞者,与舞团合作演出了《曼侬》《乡村一月》《灰姑娘》《协奏曲》《将死》《晚会上的舞蹈》《天鹅湖》《睡美人》《吉赛尔》以及麦克米伦版的《罗密欧与朱丽叶》等,这些作品为她的戏剧性表演提供了很好的表现机会,也让她在不断地创新与合作中激发出潜在能力。

脱离基洛夫芭蕾舞团的高压政策之后,玛卡洛娃在西方舞蹈界如鱼得水。她定居美国,同时兼任巴黎歌剧院芭蕾舞团、加拿大国家芭蕾舞团、斯图加特芭蕾舞团、伦敦节日芭蕾舞团、斯卡拉歌剧院芭蕾舞团、瑞典皇家芭蕾舞团、苏格兰芭蕾舞团、苏黎世芭蕾舞团等团体的客座艺术家,与世界各国优秀编导和舞蹈演员合作,演出了大批优秀的古典和现代芭蕾作品。1974年,她邀请同样脱离基洛夫芭蕾舞团的青年舞蹈家米哈伊·巴里什尼科夫在美国芭蕾舞剧院合作演出《吉赛尔》,帮助米哈伊与美国芭蕾舞剧院建立起长期的合作关系。

除了接受西方现代芭蕾的新理念,玛卡洛娃还通过编导工作,积极地将她所接受的古典芭蕾经验推荐给西方观众,为他们复排了《天鹅湖》《睡美人》《胡桃夹子》等古典芭蕾舞剧。1974年,她为美国芭蕾舞剧院编排了《舞姬》的第三幕《幽灵王国》。1979年,她复排了全本的《舞姬》,原本已经失传的第四幕她也根据记忆进行了改编,使美国芭蕾舞剧院成为西方第一个排演该剧全本的舞蹈团体。

1976年,玛卡洛娃与一个黎巴嫩小伙爱德华·卡尔卡相识并喜结良缘,两年后诞下爱子。1979年,她写作并出版了自己的回忆录《舞蹈自传》,跟舞迷们分享她的人生经历。1982年,她参加乔治·巴兰钦的音乐剧《足尖上》,一举赢得了美国话剧和音乐剧的最高奖项——"托尼奖"。

虽然在西方世界生活和工作了多年,但出身俄国古典芭蕾的玛卡洛娃一直坚持古典与现代的并行发展,她一边参演现代芭蕾编导为她创作的舞蹈作品,一边根据自己的所学在世界各地复排经典芭蕾舞剧,特别是《舞姬》,对世界芭坛产生了重要的影响力。2016年9月,中国中央芭蕾舞团复排了玛卡洛娃版本的《舞姬》并请来了玛卡洛娃本人指导排练,9月18日在北京天桥剧场进行了首演,演出取得了圆满成功。这是中央芭蕾舞团继2013年演出玛卡洛娃版《天鹅湖》以来跟玛卡洛娃进行的第二次成功合作。

1989年2月1日,阔别家乡19年的玛卡洛娃再次回到祖国,成为首位"叛逃"西方后又被邀请回国的芭蕾艺术家。在马林斯基剧院的舞台上,她与以前的同事们共同演出了约翰·克兰科《奥涅金》的两段双人舞,收获了观众们热烈的掌声。之后,感慨万千的玛卡洛娃含着热泪宣布结束自己的舞台生涯,她说:"我从这里开始,在世界转了一大圈之后,又回到这里结束,这是最完美的事情。"接着,她把自己的舞蹈鞋和演出服都捐赠给了基洛夫博物馆,曾经因为出逃事件而被剔出俄国芭蕾艺术家名单的玛卡洛娃,再次被载入《苏联芭蕾百科全书》中。

玛卡洛娃,这位勇敢而美丽的舞者,用自己的行动诠释了艺术无国界的真理,同时她用自己的辛勤劳动对古典和现代芭蕾艺术进行了保护、传承和有机融合,发扬了抒情和戏剧芭蕾的优良传统,为世界芭蕾做出了巨大的贡献。

现代芭蕾之父——米歇尔·福金

生卒年：1880—1942

国籍：俄国裔美国人

成就：推出芭蕾史上第一部无情节芭蕾——《仙女们》，开创现代芭蕾发展的新纪元

在世界芭蕾史上,是俄国把这门高雅艺术推向了古典艺术的巅峰。20世纪是世界现代艺术的全面发展阶段,无论是美术、音乐还是其他艺术领域,都发生了新时代的裂变。在芭蕾舞坛也不例外,米歇尔·福金就是引领这场现代芭蕾变革的领军人物之一。

1880年4月26日,米歇尔·福金出生于俄国圣彼得堡的一个富商家庭,家里五个兄弟姐妹,他是最小的一个,也是最调皮的一个。福金的母亲是一个非常热衷于剧场表演艺术的德国妇女,可能由于母亲的基因遗传,天生爱动的他对艺术有着先天的敏感和喜爱。在他9岁的时候,母亲把他送进了帝国芭蕾舞学校,接受古典芭蕾训练。

学生时期的福金,充分显示了他在艺术方面的天赋,他不仅系统地接受了古典芭蕾的训练,还对音乐和美术产生了兴趣,他学习钢琴、小提琴、三角琴和曼陀林的演奏,甚至在毕业后还参加了由音乐家组成的马林斯基剧院小管弦乐队。福金的艺术天赋几乎是全方位的,这对于他日后成长为一个优秀的现代芭蕾编导有着非常重要的意义。

1898年,经过9年的专业学习,福金以优异的成绩从帝国芭蕾舞学校毕业了。因为在毕业汇报演出时拿了一等奖,所以他进入马林斯基剧院直接做了独舞演员。6年后,他被剧院提升为首席男独舞演员。经常与他搭档跳舞的是另一个首席独舞演员——安娜·巴甫洛娃,他们曾一起搭档演出过《帕基塔》《雷蒙达》《睡美人》等古典舞名剧,他的表演风格典雅而有风度,跳跃时由于有很强的爆发力而显得轻盈,造型感强。福金在担任独舞演员的岁月里,还同时参加了一些著名乐团的演奏活动,甚至自己作曲、配器和改编音乐。福金对绘画也保持了非常热切的兴趣,并且画得一手好画。他还对话剧表演进行过尝试,并且按照话剧表演的模式进行芭蕾创作,他常常需要在独舞演员和编导之间进行选择。

1902年,福金被任命为帝国芭蕾舞学校的低年级女班芭蕾基训教师。22岁的他虽尚显稚嫩,但学生时期多年扎实的训练给了他强大的自信,果然,他卓有成效的教学受到师生们的一致好评,继而获得了教授高年级男生和女生的机会。洛波科娃和尼金斯卡等芭蕾女明星,都曾经是他的学生。

多才多艺的福金善于独立思考,从不会盲目跟风。从学生时代起,他就意识到俄国古典芭蕾的舞蹈精神正在被各种繁琐的细节所淹没,形式僵化,创作千篇一律,毫无创新可言。福金对这种机械式的模仿十分不满,他希望所有的舞蹈动作、手势和哑剧表演,都不能脱离剧情而单独存在,为此,他在1904年初步提出了他的芭蕾改革思想:芭蕾舞剧要有统一完整的表达,由音乐、绘画和艺术三要素构成和谐交融的造型动作;舞蹈不能沦为单纯的技术和体操,而是要作为剧情的有机组成部分,对剧情进行诠释;舞剧要成为有思想、有内容、有表现张力的艺术。这个新型芭蕾宣言开启了福金进行现代芭蕾创作的前奏,在10年后的1914年,福金将它整理后发表在英国《泰晤士报》上,主要内容如下:

一、新型芭蕾不应只编排现成和既定的舞步组合,每次创作都应根据主题的需要,创造相应的新形式,而这种新形式要能充分体现时代和民族特征。

二、舞蹈和哑剧手势只能作为戏剧性情节的表现手段出现在芭蕾舞剧中,否则便无意义。

三、新型芭蕾只在特定情况下,才允许使用既定动作,否则在其他任何情况下,都应尽力用整个身体的表现力来代替手势。

四、应重视组舞和群舞的表现力,群舞不应再是装饰,而要参与整个作品的情感表达。同时,要注重个体与群体之间的协调关系和共同的表现力。

五、舞剧中的各个组成部分(舞蹈、音乐、美术等)是一个艺术整体,舞蹈与其他姐妹艺术是相互平等的关系,舞蹈家和作曲家、舞台美术设计家在合作中应享有充分的创作自由。

1905年,美国现代舞舞蹈家伊莎多拉·邓肯到俄国进行演出,福金观看了她的演出并受到了很大的启发和触动。邓肯舞蹈中的自由精神深深鼓舞了他,这与他一直向往的自然与淳朴的舞蹈理想不谋而合,与邓肯自由流畅的舞蹈相比,古典芭蕾在表达情感上的空洞和了无情趣暴露无遗。

同年,福金所教的高年级学生面临毕业之际,他的一个实践机会来临了,他负责为这个班编排一部作品,在这部作品中他对于古典芭蕾的种种改革想法得以实施。这部作品的名字叫《亚西斯与该拉忒亚》,是一部取材于希腊神话的芭蕾舞剧。在这部舞剧的创作中,他先是像邓肯一样,从博物馆和图书馆中寻找灵感,然后做出了最初的方案,可能是过于激进,被学校保守的领导给否定了。他不得不从传统的角度进行创作,小心翼翼地将他的革新思想更加巧妙地融入其中,比如取代古典芭蕾对称和单一的群舞结构,采用非对称、多层次的群舞创作方法来体现革新效果,在服装上,他将仙女们的服装改成了"图尼克"长衫,在动作上,让半神半人的牧神们像动物一样走路,甚至翻跟头打滚,这在古典芭蕾中是决不允许的。幸好,演出时,新颖的舞蹈风格得到了观众们的一致叫好,为福金的尝试带来了一个很好的开端。福金的第一部舞剧创作虽然未能完全实现他的革新思想,但是也在一定程度上对旧的芭蕾表演模式进行了突破性创作,开启了福金对古典芭蕾大刀阔斧改革的过程。1905年,对于福金来说,还有一件非常重要的事情发生,那就是他为巴甫洛娃编创了令她取得巨大成功的舞蹈《天鹅之死》。

1906年,福金又根据莎翁的《仲夏夜之梦》为学生们创作了一部舞剧。在剧中,他让一群女生扮作小仙女围绕着尼金斯基翩翩起舞。同年,他应邀为剧院的专业舞蹈演员创作了三幕舞剧《葡萄》中的一幕,音乐采用了安东·鲁宾斯坦的作品。在这个作品中,他将故事发生的地点设计在一个酒窖中,当聚会的朋友们围绕着酒缸品尝各种美酒时,各个美酒产地的民族舞蹈就开始表演起来,结尾时酒神节般的狂欢场面,为福金编排调度大的舞蹈场面积累了经验。演出结束后,福金收到了佩蒂帕的贺信,信中对他的作品进行了热情洋溢的赞美,并预言他将成为一位伟大的芭蕾大师。

1907年,福金被正式聘为马林斯基剧院的芭蕾编导。1908年,通过伯努瓦的引荐,福金进入现代派青年艺术家俱乐部,在这里,福金结交了一大批有思想的青年艺术家,尤其是一个叫作佳吉列夫的舞团经济人。佳吉列夫作为这个俱乐部的领袖人物,带领成员们举办了一系列俄罗斯与西欧之间的文化艺术交流活动,比如,举办俄罗斯与西方美术精品交流展,将俄罗斯歌剧推向巴黎乐坛,创办了融合东西方优秀文化艺术的新型刊物《艺术世界》,等等。但佳吉列夫最终将他的注意力集中在了芭蕾上面,福金的新型芭蕾曾经引起了佳吉列夫的关注,于是,有满脑子革新思想却苦于无处可施的福金,与时髦又有实干经验的佳吉列夫遇见之后一拍即合,他们联合组成了俄罗斯芭蕾舞团,同时召集了巴甫洛娃、尼金斯基等优秀的芭蕾舞演员,整顿好人马之后便合力进军巴黎艺术界。

　　1909—1914年是俄罗斯芭蕾舞团在法国巴黎取得重要成就的几年,更是福金在他艺术生涯中最为高产和顺利施展革新思想抱负的阶段。他为舞团创作了17部芭蕾舞剧,其中,《阿尔米达之宫》《仙女们》《克里奥帕特拉》《伊戈尔王》《火鸟》《天方夜谭》《彼得鲁斯卡》《玫瑰花魂》《狂欢节》等9部为代表作品,以《仙女们》的意义最为重大。区别于法国浪漫主义的代表作《仙女》,《仙女们》是一部完全没有情节的抒情性作品,音乐采用了肖邦的钢琴曲,作品中一群着白纱裙的仙女们围绕着一位诗人根据音乐的起伏变换翩翩起舞,没有情节,没有戏剧性。整部作品体现了芭蕾的交响性质,首开交响芭蕾的先河,而福金也凭借这部现代性十足的芭蕾作品被后人誉为"现代芭蕾之父"。

　　1914年之后,福金由于无法再容忍佳吉列夫对尼金斯基过于"变态"的宠溺而离开了俄罗斯芭蕾舞团。之后,他到过很多个国家,还曾回到过圣彼得堡。1919年,他留在了美国并在那里继续工作和生活了23年,直到去世。1923年,他在纽约开设了芭蕾舞学校,该校成为美国第一个专业的芭蕾舞学校。第二年,他在学校的基础上,组建了美国第一个芭蕾舞团,并定期在美国大都会和其他主要城市巡演。在美国期间,他又前后编导了60多部芭蕾舞剧。

　　福金的一生共创作了80多部舞剧,以他在俄罗斯芭蕾舞团期间的作品较为经典,尤其是《仙女们》,已经成为现代芭蕾的标志性作品。1942年,当福金被由血栓引起的胸膜炎和肺炎侵蚀失去生命时,世界各地的芭蕾舞团同时演出《仙女们》,以表达对这位大师的怀念。

上帝的小丑——尼金斯基

生卒年：1890—1950

国籍：俄国

成就：20世纪伟大的芭蕾男演员之一

瓦斯拉夫·尼金斯基,1890年2月28日生于俄国乌克兰基辅(现为乌克兰首都),为波兰人后裔。尼金斯基出生于一个舞蹈世家,他的曾祖父母一直到他的父母,都以舞蹈为职业。他的父亲托马斯·尼金斯基还是波兰知名的芭蕾明星,曾任华沙芭蕾舞学校的艺术指导,他的母亲艾利诺拉·贝丽达是一位伯爵的女儿,因为痴迷芭蕾,所以年轻时义无反顾地和托马斯·尼金斯基私奔了。这对年轻夫妇自己组建了小剧团在各个斯拉夫国家的剧院、小舞台和流动戏班中进行演出。瓦斯拉夫·尼金斯基有一个哥哥叫斯坦尼斯拉夫,但由于父母照顾不周,年幼时从4楼跌落下来,摔到头部造成了痴呆,最终在精神病院里不幸溺水身亡。而尼金斯基从一出生,就被父母寄予了厚望,几乎在襁褓中就开始接受舞蹈训练,4岁便有机会在父母的剧团里参加演出。成名后的尼金斯基在后来回忆自己的童年时说:"我母亲肯定记得我什么时候长出第一颗牙,但是说不出什么时候给我上了第一堂舞蹈课。"

当尼金斯基的胞妹尼金斯卡出生时,家里的经济状况开始变得艰难,流动演出的小剧团收入不稳定,还常年奔波在路上,更糟糕的是,托马斯没有选择和妻子贝丽达一起承担家庭的重任,而是选择逃避,跟他的情人私奔了。伯爵小姐为了孩子,不得不接受现实,她从基辅搬到了圣彼得堡,靠做女佣维持生活,含辛茹苦将家里的两个孩子养大。

年少时期的尼金斯基沉默寡言,读书的成绩也不理想,但在舞蹈方面有着特殊的天赋,他个头不高,有发达的肌肉,他的跳跃可以轻盈得如瞪羚一般,甚至能在空中停留片刻。母亲看到了他在舞蹈方面的潜质,于是在他10岁那年,将他送到圣彼得堡帝国芭蕾舞学校求学。在入学考试那天,内向寡言的尼金斯基由于紧张而显得手足无措。他的肌肉过于发达,没有流畅的身体线条,显得粗壮、笨拙,从外形上看,他显然是无法被考官一眼相中的。但所幸的是,考试中的大跳环节给了他施展的机会,铆足了劲的他轻轻一跃,在空中停留片刻又轻轻落地,给了考官们华丽的惊讶,最终,他以"完美的体格"获得入学资格,成为当年被录取的15名男生之一。

进入芭蕾舞学校的尼金斯基经过了相当长的一段适应期。他从小在波兰长大,因此俄语对他来说是一个不小的障碍。他性格内向,不爱与同学交流,文化课成绩也不好,尽管身体条件很好,但还是跟不上学校严格的训练节奏,进展缓慢,为此,学校曾经勒令他退学。回到家中的尼金斯基不仅失去了学校的津贴补助,还增加了家庭的经济负担,为此母亲大发雷霆,差点将他扫地出门。1902年,在颇费周折地复学之后,他拿出惊人的毅力练功,进步飞速,甚至一次练习腾越时,没有注意到地面的长凳,从高空落下撞到肚子,差点伤重死亡。学校的芭蕾名家尼古拉斯·莱加特、奥布霍夫、恩里科·切凯蒂等都给了这个孩子悉心的指导,尼金斯基很快成为出类拔萃的学生。

1905年,尼金斯基小试牛刀,在福金的作品《阿西斯与伽拉特亚》中饰演牧神,取得了不俗的成绩,甚至有高年级班教师建议他提前2年毕业,进入马林斯基剧院做专职演员,但他坚持把学校的8年课程全部学完。1907年,七年级的尼金斯基参加了福金编导的《唐·吉诃德》的演出,并在其中担任男主角,与他搭档的是巴甫洛娃。在这部剧中,17岁的他尽显光彩,相比之下,同台的几位前辈相形见绌。剧中,他可以在一次跃入空中之后双腿击打6个来回,然后再轻盈地落地。曾经有人问他完成这样的动作是不是很难,他很平淡地说:"不!不!不难,你只要往上去,然后在上面稍停片刻即可。"

1908年,尼金斯基以优异的成绩从帝国芭蕾舞学校光荣毕业,加盟马林斯基剧院成为独舞演员,同时获得芭蕾大明星切辛斯卡娅的青睐,做她的男舞伴,后来,又做了另一个芭蕾明星卡尔萨文娜的专属舞伴。尼金斯基那完美的跳跃和旋转,活力十足的戏剧性表演,以及跳跃时在空中悬浮和停留的幻象,完全扭转了芭蕾在人们心目中阴盛阳衰的印象。以往,人们总认为芭蕾女明星才是剧院票房的保证,而男演员只不过是女演员的陪衬和"搬运工"。尼金斯基被人们称为"空中火焰",这个称呼是对他超常爆发力和戏剧表演能力的形象反映。同一年,他被马林斯基剧院破格提拔为首席男演员,相应的薪酬也提高了不少。他与切辛斯卡娅合作演出了马里于斯·佩蒂帕的《护身符》。

　　1908年,对尼金斯基来说,是人生取得飞跃进步的一年,这一年他不仅毕业了,获得了马林斯基剧院首席男演员的职务,还获得了最优秀的芭蕾女搭档,但最重要的是他遇见了一个影响了他一生命运的男人——谢尔盖·佳吉列夫。佳吉列夫是一个在绘画、戏剧、音乐和舞蹈等方面有着广泛而深厚修养的经济人,他有敏锐而独到的眼光,他曾经和朋友一起创办过《艺术世界》刊物,用于传播20世纪艺术新观念和新手法,自1907年起,他每年组织俄罗斯音乐家和舞蹈家去欧洲国家巡回演出,成为俄罗斯与其他欧洲国家沟通艺术的重要桥梁。

　　佳吉列夫在认识尼金斯基之后,立刻意识到这个年轻人是个不可多得的人才,因此,他盛情邀请尼金斯基、巴甫洛娃、卡尔萨文娜、福金等舞蹈明星和编导参加他1909年即将在巴黎举办的"俄罗斯演出季"演出。在这一次演出季上,《阿尔米达之宫》《埃及之夜》《仙女们》《伊戈尔王》《克里奥帕特拉》等节目的演出,获得了巨大的成功,而尼金斯基也在一夜之间收获了巴黎舞迷们的狂热崇拜,为西欧的芭蕾界带来了久违的阳刚之气,他被称为"舞蹈之神"。第二年,他们在演出季中又推出了福金的《天方夜谭》和《狂欢节》,由尼金斯基主演,演出引起了强烈的反响。

1909—1911年,除了参加"俄罗斯演出季"之外,尼金斯基还保留了在马林斯基剧院的工作。但1911年,由于在一次《吉赛尔》的演出中,他穿上了名画家雷昂·巴克斯设计的新式紧身衣,引起了当时在包厢观看演出的皇太后奥菲多罗夫娜的不悦,最终导致了他被舞团解雇,从而不得不彻底投入佳吉列夫的怀抱。鉴于此,有传闻说是佳吉列夫策划了此次"紧身衣事件",目的就是将尼金斯基彻底占有,以便在接下来的演出季中给他更多的演出任务。

总之,在1909—1913年的"俄罗斯演出季"中,尼金斯基和福金合作了大量的剧目,除了上述提到的,还有《玫瑰精灵》《彼得鲁斯卡》《水仙花》《蓝色神像》《达芙尼斯与克罗埃》《节日》《睡美人》等,尼金斯基还自编自演了《牧神的午后》(1912年)、《竞赛》(1912年)和《春之祭》等作品,其中,尤其以首演于1913年5月29日的《春之祭》最为著名。

《春之祭》讲述了俄国原始部族为了庆祝春的来临,每年春天要在部落中选择一个最美的少女,让其跳舞至死用于祭祀仪式的故事,充满了原始表现主义色彩,具有鲜明的俄罗斯风格。在这部剧中,尼金斯基一反古典芭蕾对演员肢体"开、绷、直、立"的要求,用脚的内扣,动作的顿挫,木讷的表情,紧张的情绪和象征生命复苏、大地回春的性媾动作,颠覆了古典芭蕾的清规戒律。该作品的音乐采用的是现代音乐家斯特拉文斯基的同名乐曲,乐曲同样震撼和前卫。这如洪水猛兽般的"野蛮粗俗"之作,在巴黎的演出现场引起了极大的惊恐和躁动,和《牧神的午后》的首演一样,《春之祭》也充满了争议,并遭到观众的抵制。但是在未来的100多年中,它那时尚超前的形式引起了舞蹈家们的兴趣,到目前为止,世界各国已经先后出现了50多个不同版本的《春之祭》。

作为演员,尼金斯基在与俄罗斯芭蕾舞团的合作过程中,充分展示了他超强的爆发力和出众的表演能力,他甚至可以由盘腿屈膝坐姿状态,不加任何辅助地直接从前场跃入后场道具窗内,这个技巧在《玫瑰精灵》中有展示。作为编导,尼金斯基也积极发展了对古典芭蕾的改革思想,为现代芭蕾的发展做出了积极的探索。当然这一切离不开他的经纪人兼密友佳吉列夫的帮助。在艺术上,佳吉列夫尽一切所能给了尼金斯基事无巨细的帮助,他调动所有人脉为尼金斯基服务,比如让意大利名师切凯蒂为他指导动作,让才华横溢的福金为他编排舞蹈,让著名画家雷昂·巴克斯为他设计演出服和布景,让著名音乐家德彪西和斯特拉文斯基为他作曲,等等,为他解决所有演出中遇见的问题,将他打造成一代芭蕾巨星。在生活上,佳吉列夫也百般呵护并控制他,和他发展成了同性恋人关系。佳吉列夫将尼金斯基与其他人严格地隔绝开,电影大师卓别林曾经想给尼金斯基拍摄他舞蹈时的影像,但被佳吉列夫拒绝了,大雕塑家罗丹曾经给尼金斯基做了一个裸体的雕塑,但由于中途遭到佳吉列夫的破坏,导致雕塑成了永远未完成的作品。尼金斯基的一言一行都牵着佳吉列夫的心,但同时,尼金斯基也成了被佳吉列夫掌控了一举一动的木偶和傀儡。尼金斯基如一片颤抖的叶子,接受了佳吉列夫给他的所有爱和掌控。

1913年9月,俄罗斯芭蕾舞团开始了在南美洲的巡回演出,佳吉列夫由于对远洋航行的恐惧(算命先生曾预言他会在海上死去)缺席了这次巡演,而就是这次短暂的分离导致了尼金斯基与佳吉列夫的决裂。在舞团驶往南美洲的客轮上,尼金斯基遇到了同团的匈牙利姑娘罗莫拉·德普尔斯基的狂热追求,脱离了佳吉列夫的尼金斯基体会到了暂时的自由和来自异性的美好,因此,单纯的他便草率地与这个姑娘陷入热恋并闪电般结婚了。得知消息的佳吉列夫气急败坏,宣布立即开除这两个人,并断绝了尼金斯基的一切经济来源,"舞蹈之神"就此折断翅膀,跌落于凡尘。尽管尼金斯基在与佳吉列夫决裂之后,也曾努力自己组建舞团,失败后又重新加入俄罗斯芭蕾舞团,但是,往日的辉煌已不复存在。自1917年始,尼金斯基在精神方面出现了问题,直到1950年去世,他短暂人生的后半生,几乎都用在了与精神病的抗争上。

1950年4月8日,尼金斯基在伦敦一家医院病逝,后被安葬在伦敦,1953年,他的遗骨被移至巴黎蒙马特尔公墓。他的离去,宣告了一个辉煌时代的结束,他是继意大利芭蕾大师维斯特里之后的又一个伟大的男子舞蹈家,他改变了男子在芭蕾舞中的地位,扭转了芭蕾舞台上阴盛阳衰的不平衡状态,同时丰富和发展了男子舞蹈技术和舞蹈语言。为了纪念这位"舞蹈之神",巴黎歌剧院设立了"尼金斯基大奖",专门用于奖励对芭蕾做出重大贡献的男舞蹈家。

陨落的巨星——鲁道夫·努里耶夫

生卒年:1938—1993

国籍:奥地利籍苏联人

成就:20世纪伟大的芭蕾男演员之一,提升了男子在芭蕾舞中的地位,对20世纪芭蕾的整体面貌有一定影响

1938 年 3 月 17 日，一辆列车疾驰在西伯利亚大平原上，这时，一名挺着大肚子的女人坐在窗户边上紧锁着眉头，忍受着来自腹部的阵痛，在火车开到半途的时候，女人终于忍不住痛苦地呻吟起来，在列车员的帮助下，没多久一个鲜活的小生命就诞生了，这个女人叫法丽达，这个刚诞生的男婴是她的第三个孩子，也就是后来名扬天下的芭蕾舞蹈家鲁道夫·努里耶夫。妈妈此行的目的是去海参崴看望驻军在那里的爸爸哈马特，没想到着急的小家伙不愿再在妈妈肚子里多待一天，提前出来了。

　　努里耶夫的家乡在加尔湖畔小城乌法附近的一个小村庄，祖先是穆斯林教徒鞑靼人。由于家境贫穷，小时候的努里耶夫常常衣不蔽体，饿着肚子上学，遭到同学们的冷嘲热讽。父亲哈马特是一名红军政委，长年驻扎在海参崴，母亲要做一些家务和农活，所以没有太多精力照顾家里的几个孩子，缺少管教的努里耶夫从小就养成了倔强、固执又任性的性格。在他 5 岁那年，妈妈带着家里所有的孩子去看了一场芭蕾舞，希望这个高雅的艺术能够对精力旺盛的孩子们有所感染。果然，艺术的美与高雅一下子就照亮了这个 5 岁孩子的内心，跟巴甫洛娃一样，努里耶夫在回到家中之后，便宣布了自己要当芭蕾舞演员的梦想，他高兴地跳跃着，全然不顾别人的嘲笑，他蹦跳能力如此之强，以至于别人给他起了个"青蛙"的绰号。

　　尽管有人建议努里耶夫的母亲，应该送他去列宁格勒芭蕾舞学校，但是妈妈甚至连去学校的车费都没有。幸好，在乌法市有一个巴什基尔国立歌剧院的芭蕾工作室和一些业余的舞蹈演出活动，努里耶夫在他 13 岁的时候，便常常往返于芭蕾工作室和自己的小村庄学习芭蕾舞。

　　努里耶夫对舞蹈是如此痴迷，他将所有的精力都放到了练舞上面,因此,2年后,15岁的他便顺利加入了巴什基尔国立歌剧院芭蕾舞团,以独舞演员的身份参加舞团在莫斯科的巡演。通过这次巡演,他俊朗的外形、惊人的弹跳能力和表现力得到了芭蕾专家们的高度关注,这样的关注为他赢得了去列宁格勒芭蕾舞学校学习芭蕾的机会,而且是直接插入中班跟随亚历山大·普希金学习。在学校里,他因为非科班出身的背景遭到同学们的排挤和嘲讽,所以他抓紧一切时间刻苦练习,比别人付出更多的努力练功。同时,他发现科班出生的孩子往往比较顺从,缺乏问题意识和反叛精神,常常是老师让做什么就做什么,从不敢越雷半步。努里耶夫从小自由惯了,他拒绝参加共产主义青年团,不服从校规,自己学习英语,尽管专业成绩优异,但是个让老师们头疼的问题孩子。

在这样的磕磕碰碰中,努里耶夫学完了在学校的所有课程。1958年,他以一段漂亮的独舞赢得了莫斯科国际芭蕾大赛的金奖。在毕业演出剧目《海盗》中,他表现优异,并成功获得了来自莫斯科大剧院以及基洛夫芭蕾舞团的双份聘书,最终,他选择了跟自己母校相关的后者,他以独舞的身份加盟基洛夫芭蕾舞团。此前,刚毕业就能在团里跳独舞的只有福金和尼金斯基了,而这两位都是俄国芭蕾历史上响当当的大师级人物。

在努里耶夫进入舞团的前3年中,大量的演出实践,促使他的舞技飞速增长,尤其是跳跃动作,鞑靼人的血统给了他充沛的体能和完美的弹跳能力,他能使身体像飞毯一样在空中飞翔和停留,人们常常拿他的悬空跳跃和快速旋转能力与尼金斯基相媲美,他是如此轻盈与舒展,以至于还有人认为他是长了一双隐形的翅膀,可以在舞台上任意翱翔。他出色的表现再一次为他赢得了更好的发展机会,他迅速成长为苏联在尼金斯基之后的另一个明星级人物。

1961 年 5 月 11 日，努里耶夫随基洛夫芭蕾舞团首次赴欧洲进行巡回演出。第一站到达了巴黎，随行的还有数名苏联特工，目的就在于监督这些艺术家在资本主义国家的一切言行举止，特工们规定，所有演员禁止单独外出，尤其是"劣迹斑斑"的努里耶夫，是重点看守对象。

5 月 21 日，在巴黎歌剧院《舞姬》的演出中，努里耶夫充满激情的表演和他擅长的两周旋转加蜷腿侧跳彻底惊呆了巴黎的观众，一夜之间他在巴黎成了家喻户晓的芭蕾明星，拥有了万千热情的舞迷。演出之外，努里耶夫依然是我行我素，趁特工们不注意的时候，偷偷溜出去跟巴黎艺术界的朋友们享受法国的繁华。相较于物资匮乏的苏联以及精神的压抑，巴黎的奢华和热情让努里耶夫思想的天平产生了严重倾斜，他生出了一个大胆的想法：他要留下来发展。

努里耶夫思想上的变化没有逃过特工们锐利的眼睛，在取得上级的秘密批示之后，他被要求立即遣送回国，而同行的演员们即将赶赴巡演的下一站——英国伦敦。在登上回国班机的前 5 分钟，努里耶夫使出所有的力气，以惊人的速度跳出了特工们的包围圈，进入机场酒吧，寻求法国警察的帮助。最终，在朋友们的帮助下，努里耶夫顺利"叛逃"成功，但由于他的这个行为背负了"叛国"的罪名，在接下来的几十年中，他被拒绝回国工作和探望亲人。这个事件还在法苏两国的外交之间引起了一定的不悦，为了避免关系的进一步恶化，法国没有给努里耶夫下发居留权，也不允许他参加巴黎歌剧院的任何演出，否则克里姆林宫会停止与法国的一切文化交流活动。

在这种情况下，努里耶夫过了一段没有像样工作的时期，他只能在一些私人剧院的小舞台和小剧场进行最多 6 个月的表演。直到 1961 年 10 月，他接到了来自英国皇家芭蕾舞团首席芭蕾大师玛戈·芳婷女爵的邀请,这一年努里耶夫23岁,芳婷42岁。

本已功高位重、在表演领域硕果累累的芳婷已经开始计划退出舞台生活,才华横溢又骄傲难驯的努里耶夫一下子征服了芭蕾女王的心,他们一起精诚合作搭档演出了整整17个年头。芳婷端庄高贵的气质和成熟的艺术修养对年轻气盛又脾气火爆的努里耶夫有一定的影响,而努里耶夫的青春活力也重新点燃了芳婷的激情,这一对气质互补、能力相当的搭档开始了伟大的合作。

努里耶夫与芳婷合作的第一个剧目是《吉赛尔》,那次演出获得了极大的成功,也让英国观众陷入了疯狂,23次谢幕的事实证明了这一对搭档的合作就是天作之合。他们之后的表演也是场场爆满,有时表演后的掌声时间甚至超过演出本身。1962年下半年,努里耶夫得到了一份加入英国皇家芭蕾舞团的邀约,成为该团永久特邀艺人。

1963年,英国皇家芭蕾舞团的编导阿什顿为这对搭档量身定做了独幕芭蕾《茶花女》,音乐采用李斯特的《B小调钢琴奏鸣曲》,剧中男女主人公缠绵悱恻的爱情被两位演员演绎得出神入化,这对既似母子又似情人的表演者再次获得了观众的疯狂喝彩,然后又是多达21次的谢幕。1965年,努里耶夫和芳婷在维也纳表演《天鹅湖》,创下了舞蹈史上的谢幕之最,这一次的谢幕次数竟达到了惊人的89次。

努里耶夫与芳婷的合作,将两人的事业双双都推上了一个别人难以企及的高度,更被欧美舞评家们誉为"用鞑靼人的热血融化了芳婷这朵玉洁冰清的英国玫瑰"。他们之间的合作以1978年芳婷的退休而告一段落。

1983年,45岁的努里耶夫担任了巴黎歌剧院芭蕾舞团的艺术总监,他通过一系列新编作品、引进现代舞与现代芭蕾新剧目以及相关的制度革新,在短短几年之内,就将该团的演出声誉恢复到"世界第一"的地位。

1984年,努里耶夫被查出感染了艾滋病病毒。在他生命的最后几年,他一边坚持治疗,一边一如既往地每天到练功房报到,排练作品、指导演出,直到1993年1月,被病毒夺去了生命。遵照遗嘱,他的1400万美元遗产被平均用于医学研究和舞蹈事业。

努里耶夫一生个性鲜明、才华横溢,但在感情方面,他只对同性感兴趣,他对玛戈·芳婷的感情,可能早已超越了男女之间的情感范畴,他们是精神上的最佳伴侣。在舞蹈表演方面,他和尼金斯基一样,用卓越的舞技征服了世人,提升了芭蕾男性舞者的地位,将他们从"搬运工"和衬托者的角色中解放出来,给男性舞者争取了更多的表现机会和独立的地位,他还将许多俄国经典的舞蹈引进到西方世界,并亲自创作改编了芭蕾舞剧,将现代观点融入古典芭蕾,为世界舞蹈的发展做出了重要的贡献。一如他飞跃的舞步,他的人生曾飞得很高,但在生命中最闪亮的时候陨落,给世人留下了一道美丽的弧线。努里耶夫去世以后,他的家乡乌法市自1993年起,每年3月都会举办一届鲁道夫·努里耶夫鞑靼人艺术节,以表达对这位芭蕾大师的深切怀念。

古典与现代相结合的芭蕾王子
——米哈伊·巴里什尼科夫

生卒年：1948—

国籍：美籍俄国人

成就：20世纪伟大的芭蕾男演员之一

米哈伊·尼科拉维特奇·巴里什尼科夫,昵称米萨,是20世纪伟大的芭蕾男演员之一,同时也是俄罗斯芭蕾界著名的"三夫三娃"之一。

　　巴里什尼科夫,1948年1月28日生于苏联拉脱维亚首府里加。因为父母都是二婚,在结婚前又各有一个孩子,所以他还有一个同父异母的姐姐和一个同母异父的哥哥。巴里什尼科夫的父亲尼古拉·巴里什尼科夫是一个工程师,母亲亚历山德拉是一个喜爱艺术的裁缝,尤其对芭蕾舞特别着迷,因此,在米萨6岁的时候,母亲带着他去剧院观看芭蕾舞演出,并告诉他剧中王子和公主的故事。米萨本来喜欢的运动是游泳、跑步和踢球,但是在母亲的影响下,也逐渐对芭蕾产生了兴趣。

　　在母亲的支持下,他12岁那年进入里加市芭蕾舞学校开始正式学习芭蕾。对于学习舞蹈这件事情,米萨那个从事理工科的父亲并不是很支持,米萨父母的感情还因为其他事情出现了较大的分歧,导致他的母亲在1960年负气自杀身亡,而父亲则在他母亲去世不久就娶了他的第三个太太。母亲的离去给巴里什尼科夫的心灵造成了无法愈合的伤害,而父亲对母亲离去的冷漠态度也直接影响了他长大以后的婚姻观,他说:"母亲的自杀让我无法相信婚姻,因为人们彼此间的承诺事实上根本与婚姻无关。"在见证了父母的失败婚姻之后,巴里什尼科夫后来即便有了自己的孩子,也不愿意轻易用婚姻的方式来给对方承诺。

　　母亲去世之后,巴里什尼科夫继续在里加市芭蕾舞学校学习舞蹈,他将所有的精力都放在了学习舞步和技巧上面,刻苦的练习让他进步得非常快,所以他在学习了两年之后便直接升入高级班。1964年,他在一个校友的引荐下,进入瓦冈诺娃芭蕾舞学校继续学习,因为他的舞蹈基础较为扎实,所以得以直接进入高年级班。在这个班里,他得到了努里耶夫的老师亚历山大·普希金的亲自指点,而巴里什尼科夫也将普希金当成自己的父亲一样,总是希望尽自己最大能力将老师的要求做到最好,他非常在意老师对他的态度,渴望得到老师的夸奖和认可。师生之间良好的互动对巴里什尼科夫产生了积极的影响,他在舞步的连贯协调性和跳跃的幅度与高度方面,都取得了更大的进步。除此之外,对艺术始终保持好奇心和探索的态度,也是普希金曾经给予他的经验。

1967年毕业之前,巴里什尼科夫参加了保加利亚瓦尔纳芭蕾大赛并获得了金奖。同年,他从瓦冈诺娃芭蕾舞学校毕业并进入基洛夫芭蕾舞团成为独舞演员。历史上有过类似经历的还有福金、尼金斯基和努里耶夫三个人,他是第四个一进舞团就直接成为独舞演员的男舞者。在接下来的三年中,他几乎跳遍了古典芭蕾的各个主要角色,比如《戈瑞安卡》(1968年)、《吉赛尔》(1969年)、《维斯特里斯夫人》(1969年)、《哈姆雷特》(1970年)、《创世纪》(1970年)等,成为继尼金斯基和努里耶夫之后又一位闪亮的明星舞者。1969年,在莫斯科国际芭蕾舞大赛上,满分为12分的比赛,他竟然得到了13分的超满分,从而毫无悬念地取得了比赛的冠军。在这一年的《时代周刊》中,评论家克利维·巴恩斯评价巴里什尼科夫是他见过的最完美的舞蹈家。

一系列的成就让巴里什尼科夫逐步具备了成为巨星的潜质。1970年,他参加了基洛夫芭蕾舞团在欧洲的巡演。在英国,他与当时在皇家芭蕾舞团工作的努里耶夫相聚。也是在这次巡演过程中,另一个舞蹈明星——他的好舞伴兼前女友娜塔莉娅·玛卡洛娃离开了舞团,她选择留在英国申请政府的政治庇护,这是基洛夫芭蕾舞团继努里耶夫之后第二个脱离舞团去西方发展的明星级人物。在当时苏联政府封闭的政策下,这也是有进取心的演员们积极在西方世界寻求事业发展的无奈之举。

努里耶夫与玛卡洛娃在西欧国家所取得的发展和成就激励了年轻的巴里什尼科夫,1974年,在跟随"大剧院明星"到加拿大巡演之后,他也选择了脱离基洛夫芭蕾舞团,在申请到加拿大政府的庇护后,顺利加入了皇家温尼伯芭蕾舞团。有关这次"叛逃"事件,在后来他亲自参演的电影《白夜》中有所反映。

在加拿大皇家温尼伯芭蕾舞团工作了一段时间后,1974年,在玛卡洛娃的盛情邀请下,巴里什尼科夫来到了美国,并和她一起搭档在美国芭蕾舞剧院合作演出了《吉赛尔》。通过这次演出,巴里什尼科夫的才华得到了充分的展示,由此得到了美国舞迷们的认可和追捧,而巴里什尼科夫与美国芭蕾舞剧院的长期合作也由此展开。

美国是世界现代舞的发源地之一。20世纪20年代,在美国现代舞就已经有了萌芽,到70年代已经有了长足的进展,知名的美国现代舞舞蹈家有洛伊·富勒、伊莎多拉·邓肯、露丝·圣·丹尼斯、泰德·肖恩、玛莎·格莱姆、特怀拉·萨普、保罗·泰勒、马克·莫里斯等等。同时,在世界范围内许多芭蕾舞蹈家也开始有意识地将现代舞技术融入芭蕾的编舞技法中,出现了现代芭蕾流派和代表人物,比如米歇尔·福金、瓦斯拉夫·尼金斯基、乔治·巴兰钦、塔玛拉·卡尔萨文娜、杰罗姆·罗宾斯、弗雷德里克·阿什顿等等。

在这样的背景下,巴里什尼科夫在美国接触了现代舞和现代芭蕾。在1974—1978年,他不仅跳了古典芭蕾的大部分重要角色,还跳了许多现代芭蕾作品,比如罗兰·佩蒂的《青年与死神》、杰罗姆·罗宾斯的《梦》和《另外一些舞蹈》、弗雷德里克·阿什顿的《狂想曲》等等。他与玛莎·格莱姆、马克·莫里斯、特怀拉·萨普、保罗·泰勒、大卫·戈登、艾尔文·艾利等现代舞大师也有合作。其中,他和马克·莫里斯建立了长期的合作关系,他们还在20世纪90年代共同组建了以表演"前卫风格"现代舞为主的"白橡树舞蹈团",推动了现代舞与芭蕾之间更多的融合。

1978年6月,巴里什尼科夫加入了巴兰钦的纽约市芭蕾舞团,并参演了巴兰钦的经典作品《浪子》《阿波罗》《梦游女》。1980年,他又回到了美国芭蕾舞剧院并担任艺术总监的职务。巴里什尼科夫在美国芭蕾舞剧院担任了10年的艺术总监,在这期间,他为剧院复排了《唐·吉诃德》《天鹅湖》《胡桃夹子》《灰姑娘》四部古典舞剧,同时邀请杰罗姆·罗宾斯、默斯·坎宁汉、保罗·泰勒、伊日·基里安、麦克米伦等现代舞编舞家为剧院创作现代风格的舞蹈作品,从古典和现代两方面为剧院的剧目建设做了大量的工作。1986年7月,巴里什尼科夫正式获得美国公民身份。

由于膝盖受伤以及想摆脱担任行政工作的烦琐事宜,巴里什尼科夫在1990年离开美国芭蕾舞剧院,之后与编舞家马克·莫里斯合作成立了"白橡树舞蹈团"。这个团的宗旨是力图打破芭蕾和现代舞之间的藩篱,用芭蕾的肢体条件去表现现代舞的观念,为不同文化背景的舞者和编导提供创作和展示的平台。该团整理了20世纪60年代以来出现的不同流派的现代舞作品,再以莫里斯"极简主义"的现代舞观念和巴里什尼科夫完美的芭蕾肢体语言对其进行重新阐释,为现代舞与芭蕾的优势互补做了进一步的尝试。在1990—2002年,该舞团经常在世界各地进行巡回演出,被人们称为现代舞坛的"流动博物馆",他们的舞蹈作品在取得优异票房的同时,也在现代舞和芭蕾舞界引起了轰动。"白橡树舞蹈团"存在了12年,直至2002年解散。

2000年,巴里什尼科夫在肯尼迪艺术中心获得终生艺术成就奖。2004年,他开办了"巴里什尼科夫舞蹈艺术中心",并成立了以自己名字命名的舞蹈基金会,用于促进舞蹈艺术的发展。2006—2008年,他分别接受了纽约大学、谢南多厄大学音乐学院和蒙特克莱尔州立大学的名誉学位。

除了舞台上所取得的成就,巴里什尼科夫在影视圈也屡有佳作。他曾经在电影《转折点》(1977年)、《白夜逃亡》(1985年)、《舞蹈人》(1987年)和电视连续剧《欲望都市》中参与演出,其中,在《转折点》中获得奥斯卡金像奖提名,在《舞蹈人》中获得美国最佳男演员提名奖,在另两部影视作品中也有不俗的表现。

巴里什尼科夫是继尼金斯基和努里耶夫之后,俄罗斯古典芭蕾阵营中培养出来的又一位大师级人物,他们都是20世纪伟大的芭蕾男演员。但与前面两位不同,巴里什尼科夫在古典芭蕾和现代舞的融合互补方面做出了更多的努力,他既是《吉赛尔》中完美的阿尔布雷希特、《天鹅湖》中风度翩翩的齐格弗雷德王子,也是一个优秀的爵士和现代舞舞者,他既能在舞台上闪耀光芒,又能在荧幕上塑造艺术形象,他用不断的努力带给观众们一个又一个惊喜,同时赋予舞蹈更多的自由。

丹麦学派芭蕾的创始人
——奥古斯特·布农维尔

生卒年：1805—1879

国籍：法籍丹麦人

成就：芭蕾演员、编导、教师，丹麦学派芭蕾的奠基人奥古斯特·布农维尔,1805年8月21日生于丹麦哥本哈根,法国籍丹麦芭蕾演员、编导、教师,为丹麦学派芭蕾的形成立下了汗马功劳。

奥古斯特的父亲安托万·布农维尔(1760—1843年)是个法国舞者和编导,曾经流亡到瑞典的斯德哥尔摩,他在22岁时到了丹麦的哥本哈根,任皇家芭蕾舞团的舞者和编导,直到1816年接替文森佐·加莱奥蒂做了舞团的团长。安托万的第一任妻子是一位丹麦舞蹈家玛丽安·约翰逊,而奥古斯特是他与第二任妻子诺维萨·桑德伯格——一个瑞典管家所生的孩子。

在父亲的影响下,奥古斯特从小就开始学习音乐和舞蹈,他小提琴拉得很好,还拥有美妙的歌声,他可以用童声演唱女高音。1811年,他6岁的时候,获得了在哥本哈根皇家剧院做舞蹈实习生的机会,这也是他人生的第一份合同。1813年,他被送进皇家芭蕾舞学校跟随皇家芭蕾舞团创始人加莱奥蒂学习舞蹈。次年,他在宫廷剧院独立表演匈牙利舞蹈,受到了观众的欢迎。1817年10月29日,在一次王室的生日宴会上,12岁的他表演了音乐剧《所罗门的判决》中的阿多尼亚,并进行了演唱。

1820年,15岁的奥古斯特从丹麦皇家芭蕾舞学校毕业,进入皇家芭蕾舞团做演员。同年的5—12月,在父亲安托万的陪同下,他前往巴黎进行为期7个月的访问学习。在巴黎的访学生活让他大开眼界,但可惜的是时间过短,因此,1824年他申请并获得奖学金前往巴黎跟随有"舞蹈的上帝"美誉的意大利舞蹈家加埃唐·维斯特里的儿子奥古斯特·维斯特里学习舞蹈。在巴黎他有机会再次接触到最新的舞蹈潮流并近距离观摩芭蕾明星们的表演。1826年,他加入了巴黎歌剧院芭蕾舞团任舞蹈演员,并和当时还未出名的舞蹈家玛丽·塔里奥尼搭档跳舞。

在巴黎的学习和演出经历,大大丰富了奥古斯特的舞蹈经验。相比之下，此时的丹麦皇家芭蕾舞团和巴黎的水准相差很大，这促使奥古斯特下决心要对这种情况进行改善。1829年，他作为客座艺术家回到丹麦并开始尝试进行编舞，他的第一个作品是《为勤劳放牧的牧民喝彩》，同一年，他还出版了人生中的第一本书——《舞蹈爱好者新年礼物》，奉献给丹麦的民众。

1830年年初，他接替他的父亲成为丹麦皇家芭蕾舞团的芭蕾大师和编导，从此开始了对丹麦学派芭蕾的创建工作。同一年，奥古斯特与海伦娜·弗雷德里卡·哈坎森结婚。1832年，他的芭蕾舞剧《浮士德》在哥本哈根首演。

1834年，奥古斯特再次出访巴黎并进行访问演出，同行的除了他的妻子海伦娜之外，还有他14岁的得意门生露茜亚·格莱恩，演出剧目是让·皮埃尔·奥梅尔编导的《梦游者》。这次出访，让奥古斯特有了一个新的收获，那就是现场观看了他昔日搭档塔里奥尼表演的《仙女》。《仙女》是一部首演于1832年的作品，是玛丽·塔里奥尼的父亲菲利普·塔里奥尼为她量身打造的。在这部作品中，舞蹈演员第一次在舞台上大量使用了足尖技术，塔里奥尼完美诠释了剧中仙女的轻盈和飘逸，这部作品是浪漫主义芭蕾的开山之作，既奠定了塔里奥尼的芭蕾明星地位，也深深打动了求索中的奥古斯特，给了他无尽的灵感。

回到丹麦以后，奥古斯特带领皇家芭蕾舞团的舞者进行了布农维尔版本《仙女》的创作，并于1836年在哥本哈根进行了首演，由露茜亚·格莱恩饰演仙女、奥古斯特·布农维尔饰演农民詹姆斯。这次演出获得了极大成功，为丹麦皇家芭蕾舞团赢得了荣誉，该作品作为保留剧目流传至今。而巴黎歌剧院塔里奥尼版本的《仙女》因为1863年的一场剧院大火，导致女主演艾玛·李芙丽烧伤致死，所以该剧院没有再上演过此剧。因此，目前英国、美国、俄国、瑞典等国流传的芭蕾舞剧《仙女》，都是丹麦版本的剧目。

1841年，奥古斯特的学生露茜亚·格莱恩遭到丹麦皇家芭蕾舞团的解雇，为此，奥古斯特在一次国王致辞的活动中表示了自己的不满，结果不仅未能挽回他的学生，自己也因为失礼而受到惩罚，他被停职六个月。在这段时间里，奥古斯特被邀请到米兰和那不勒斯做客席编导。

1848年，他在自己的作品《沃尔德玛》中最后一次登台演出，之后便退居幕后，专心做了皇家芭蕾舞团的艺术总监并进行剧目的创作，一直到1877年退休。

1874年，奥古斯特曾经前往维也纳、威尼斯、米兰、佛罗伦萨、罗马、那不勒斯、巴黎和俄罗斯进行访问。在俄罗斯，他拜访了古典芭蕾大师马里于斯·佩蒂帕和他的瑞典学生约翰松。受到这一趟行程的启发，奥古斯特在1876年创作了他人生中的最后一部芭蕾作品《从西伯利亚到莫斯科》，将更加多元和丰富的舞蹈语言融入其中。

奥古斯特·布农维尔在芭蕾方面所做的贡献对丹麦乃至世界的影响都是巨大的，他的作品植根于丹麦及北欧民间文化中，广泛吸收了丹麦民间舞蹈，形成典雅、技巧精致的风格。相较于俄罗斯体系炫酷的旋转和爆发力极强的大跳来说，布农维尔学派（即丹麦学派芭蕾）以舞者的轻盈优雅，尤其是高超的足尖技术闻名于世，节奏感强、严谨、细致、明快、活泼的舞蹈风格，轻盈的弹跳和灵活的双腿击打动作都是其重要特点，可以称为真正的"足尖上的芭蕾"。因为拥有无与伦比的足尖技巧，所以丹麦芭蕾舞演员普遍拥有很强的适应性，可以很快适应世界各地不同编导的不同作品。奥古斯特在训练中特别突出了对男子技巧的发展，在表演中减少甚至取消了常见的托举动作，代之以男女演员的独舞表演。强调男性演员在表演中的独立性和重要性是丹麦学派芭蕾的另外一个重要特点。丹麦学派芭蕾还有一个重要特点，就是舞蹈作品中有较多的哑剧场面，运用手势和独特的"戏剧"元素，给予丹麦学派芭蕾以更强的戏剧性和舞台表现力。

丹麦学派芭蕾是世界上重要的芭蕾流派之一，它继承了法国浪漫主义芭蕾的优良传统，又吸收了意大利、俄罗斯等古典芭蕾的精华，并结合丹麦当地民间音乐、文学、诗歌、舞蹈等文化，形成了自己独特的风格，对世界芭蕾产生了一定的影响。在这个过程中，奥古斯特·布农维尔个人的贡献极为重大，在他的带领下，丹麦皇家芭蕾舞团成功跻身世界一流舞团的行列。

1879年11月30日，奥古斯特在从教堂回家的路上晕倒，送到医院后因抢救无效去世，享年74岁。之后，他生前所编的舞蹈作品，比如《仙女》《拿波里》《舞蹈学校》《民间传说》《柬扎诺的花节》《远离丹麦》等，被丹麦皇家芭蕾舞团精心保存并流传下来，成为丹麦学派芭蕾经典作品的保留剧目；他的芭蕾基本教材和教学法也被后人整理成书，成为丹麦学派芭蕾的基础。奥古斯特·布农维尔曾经在1847年、1865年和1877年出版自传体回忆录《我的戏剧生活》，这是人们研究奥古斯特不可多得的珍贵资料。

土方巽、大野一雄与舞踏

生卒年：土方巽，1928—1986；大野一雄，1906—2010

国籍：日本

成就：开创了日本暗黑舞蹈流派，结合日本传统舞蹈和西方现代舞，用舞蹈的方式表达当代人内心的诉求与呐喊

地处亚洲东部、太平洋西北部的日本,是一个面积只有37.8万平方千米的岛国。尽管面积不大,但是自日本明治维新之后,日本即开始大力发展国家经济,并迅速跻身资本主义国家行列,对外则采取一系列侵略扩张战争,多次侵略韩国、菲律宾、中国等亚洲邻国,以谋求自身的发展。在20世纪初的两次世界大战中,日本都是积极参战国,力图通过战争扩大自己的版图与权益。在日本统治者奋力挥动战争指挥棒的同时,日本国内民众也深受战争之苦,许多年轻人因此丧失宝贵的生命,许多家庭也因此支离破碎。

1959年5月24日,日本全国各地掀起了抗议《日美安全保障条约》的活动。为配合这次活动,两个舞蹈家在东京舞蹈艺术节上推出了一个前卫的舞蹈作品,作品中不仅有模仿杀人和色情等禁忌场面,还通过用舞者的腿生生夹死一只鸡的方式表达对战争的控诉和抗议。血腥的场面引起了许多人的不满和责难,但是也被一些日本前卫文学家和艺术家所欣赏。这个舞蹈作品叫作"禁色",来自日本文学家三岛由纪夫的同名小说;这个舞蹈类型叫作"舞踏",两个表演者分别叫土方巽和大野庆人(大野一雄的儿子)。

舞踏,又叫作暗黑舞蹈,是20世纪60年代产生于战后日本的一种舞蹈形式,《禁色》生动反映了日本人在受到战争摧残后扭曲的心理状态,而这只是"暗黑派舞蹈"的形成前奏。自60年代之后,类似的扭曲、支离破碎、癫狂、色情、性别倒错、裸体、原始甚至暴虐的舞蹈,逐渐占据了日本现代舞的主流,舞者们纷纷将内心的压抑和原始冲动在舞台上展示出来,构成了蔚为壮观的"舞踏"现象。

土方巽,1928年生于日本北部的秋田县,在那里度过了他的童年和少年时期。1949年,他来到东京谋求发展,寄居在东京廉价的酒店里。战争摧毁了人们心中的最后一丝温情，人们只注重物质的繁荣，却无视精神的空虚，本想成为爵士舞者的土方巽在反美思想的推动下，将目光转向了法国，他阅读了法国作家萨特和让·热内的作品。萨特认为，人一定要按照个人意志做出自由选择，否则，就会丢掉个性，失去自我，这个人就不能算是真正的存在了。萨特的存在主义让土方巽对自由有了新的认识。而让·热内是个有着流浪、行窃和蹲监狱背景的作家，他的作品以充满同性恋、偷窃、监狱生活等黑暗主题闻名，这使他的作品被冠以"恶之花"的称谓。萨特用他存在主义的视角在热内的作品中发现了独特的东西——热内对自己荒谬的生活处境表示了毫无保留的抗议，他的罪恶本身也是社会环境所造就的。土方巽对热内这朵"恶之花"充满了兴趣，他甚至将自己的名字改为"土方热内"，以表达对热内的敬意，这些促使他将"黑暗"与"恶"作为他未来创作舞蹈的主题。

身处战后被美国文化所统治以及全面工业化的现实，日本民众充满了叛逆的情绪，这也是当时日本社会普遍的一种认识。作为一个舞者，也不可避免要受到西方现代舞和芭蕾的影响。芭蕾对于身材相对矮小的日本人来说，并不是最佳的表达方式，但现代舞注重个人自由表达的观念，给了土方巽一定的启发，促使他开始反思和探索适合本民族的舞蹈形式。结合日本民众在两次战争中所受的肉体和精神摧残，尤其是在第二次世界大战中受到美国原子弹轰炸后的悲惨境遇，土方巽慢慢找到了一种适合表达自己的方式，那就是全身涂白，有时裸体，有时着奇异服装，扭曲身体，在地面上爬动或蠕动，翻转眼珠，面部表情极度夸张与痛苦，表现"腐朽与死亡"的主题。在土方巽看来，"舞踏就是拼命伫立的尸体"。舞踏的表演与美丽、优雅丝毫不沾边，有的只是对丑恶的揭露、对黑暗的反射、对扭曲的展示。尽管如此,舞踏自20世纪50—60年代诞生后,迅速成长为日本现代舞的主流艺术。自80年代始,舞踏逐渐风靡欧美各地,各类国际艺术节、舞蹈节纷纷向日本的舞踏团体发出邀请,如今,在世界范围内,舞踏已经成为一只独特的现代舞流派,连莎士比亚古典戏剧也会受到它的影响。

大野一雄,是另一位舞踏的先驱人物,他1906年出生于日本北海道函馆,一生历经明治、大正、昭和、平成等时代。他20岁时进入日本体育大学学习体操和舞蹈,其间有机会观看西班牙现代舞舞者拉·阿金蒂娜的表演,这使他对现代舞产生了浓厚的兴趣。从大学毕业后,大野一雄做了一名体操教师。自1933年始,他先后师从于日本现代舞先驱石井漠、江口隆哉等学习魏格曼流派现代舞。第二次世界大战期间,他被迫放下舞蹈应征入伍服役八年,在新几内亚战争中作为战俘被关押了一年,在返回日本的航船上,目睹了许多人由于饥饿和病痛离开人世,战争的残酷以及生命的脆弱让他的心灵受到很大的触动。

1946年,大野一雄回到日本继续跟随江口隆哉跳舞。1949年,他举行了人生第一个,也是他期待已久的舞蹈发布会——"大野一雄现代舞发表会第1号",演出了《鬼的呐喊》《探戈》《菩提树的第一朵花》,表达了对战争中失去生命的亡灵的悼念,同时谴责战争的罪恶与无情。在这之后,大野一雄的才情找到了释放的渠道,他几乎每年都会推出一部作品。在1953年之前,他创作了《节日》《超越田野》《圣山的心弦》《春天的奉献》《莲花般徘徊的少年》《春潮》《闹市舞蹈》《胡思乱想》《狐狸与石头人》等多部作品。

1954年,他与土方巽相识,两人遂开始了30多年的亲密合作。从此以后,大野一雄除了继续自己的现代舞创作之外,还参与了多部土方巽为他量身定做的舞踏作品,比如《鲜花圣母院》(1960年)、《治疗点》(1960年)、《阴阳人的秘密典礼》(1961年)、《糖蛋糕》(1961年)、《插图性学指南——西红柿》(1963年)、《舞踏热内》(1967年)和《向拉·阿金蒂娜致敬》(1977年)等。大野一雄在他的后半个人生中,将舞踏作为他生活的重要内容,并将舞踏发展到极致,即便90多岁高龄,仍然在舞台上进行表演。

相较于土方巽的"恶"来说,笃信基督教的大野一雄则显示出温暖的善意。他回忆自己与土方巽的合作时曾经说:我像是光,而土方巽是黑暗,在两极对峙中,舞踏产生了。大野一雄用他对舞踏的执着演绎了对"自我"和"生命"的崇敬之心,一如他所说:"即便我死去,我的精神仍将继续跳下去。"2010年,104岁的大野一雄躺在病榻上奄奄一息,他张着嘴巴一动不动,看不见也无法表达,但他的精神一定仍然在舞蹈。

古巴芭蕾的缔造者
——艾丽西亚·阿隆索

生卒年：1921—

国籍：古巴

成就：浪漫派芭蕾代表艺术家，古巴芭蕾的缔造者

艾丽西亚·阿隆索,原名艾丽西亚·马丁内斯,1921年12月
21日出生于美丽的海滨城市哈瓦那,她的父亲是一个军官,家
里有两个女孩子,她排行老二。童年时期的阿隆索活泼好动,
尤其对音乐和舞蹈感兴趣。她的母亲是个艺术爱好者,常常用
家中的留声机播放唱片给小朋友们听,阿隆索则会跟着音乐翩
翩起舞,尽管那时候的她还不懂得什么是芭蕾。母亲看出她对
舞蹈的兴趣,于是在她10岁时,将她送到哈瓦那音乐艺术学会
学习芭蕾。在那里,她跟随一名来自俄罗斯的老师学习舞蹈,
由于悟性极高,一年以后,她便能在哈瓦那的一次公开演出中
亮相,参加了芭蕾舞《睡美人》的演出。

　　1937年,在一起学习的舞蹈班里,16岁的阿隆索遇见了自
己的心上人——费尔南多·阿隆索。正值青春年少情窦初开的
少女一下便陷入情网不能自拔,很快他们就结婚了,她的姓名
由艾丽西亚·马丁内斯改为艾丽西亚·阿隆索。婚后他们移居
美国,在美国她生下了女儿劳拉。之后,年轻的阿隆索设法拾
起了搁置已久的芭蕾,先后在美国芭蕾舞学校和私人培训班学
习。这段时间,她得到了米歇尔·福金、亚历山大·费德洛娃等
芭蕾名师的指点。与此同时,她的丈夫费尔南多加入了纽约莫
尔德金芭蕾舞团。

　　1940年,19岁的阿隆索加入了新成立的纽约市芭蕾舞团。
当她正准备在事业上大展宏图的时候,被医生诊断为视网膜脱
落,并极有可能引起失明。在医生的建议下,阿隆索进行了第
一次手术治疗。术后,医生要求她在床上躺三个月不能动,但
年仅20岁又爱动的她很难做到完全遵医嘱,她躺在病床上,继
续练习绷脚背、踢腿。她这么做的代价就是康复得不够好,导
致手术失败。为此,她不得不接受了第二次手术,但同样未能
取得预期的效果,就这样,阿隆索被迫进行了第三次手术。为

了防止意外发生,这次医生对她的活动进行了严格的限制,一年之内,她必须躺在床上,一动不动,不能跟孩子玩,不能咀嚼太硬的食物,不能哭,不能笑,也不能转头。在这一年里,她那情意绵绵的爱人每天坐在床边,用手教她跳各种古典芭蕾的角色,教她跳吉赛尔、仙女或葛蓓丽娅。

尽管费尽了力气,医生也没能完全医好她的眼睛,最终,她的视力被限制在四十五度角的两米范围之内,几乎是半盲的状态。尽管如此,她并没有被病魔击倒,凭借着惊人的毅力,她刚出医院就重新回到舞蹈教室。1943年,她接替美国芭蕾舞剧院受伤的演员出演了《吉赛尔》中的主角。这是一个黑暗中的吉赛尔,但是她又如此轻盈,演出结果完全超出所有人预料,眼疾没能阻挡她对舞蹈的热情,相反,排除外界的许多干扰,阿隆索将内心的炙热情感和独特感悟全部融入了她的表演中,尽管她的世界日趋黑暗,但是她成了舞台上冉冉升起的明星。很快,她被芭蕾舞团晋升为首席舞者。1946—1948年,她成了《吉赛尔》的专属演员,后来又参加了《天鹅湖》、乔治·巴兰钦的《主题与变奏》、艾格尼丝·德米尔的戏剧芭蕾《秋江传奇》等作品的演出。

可能有人会好奇,阿隆索是如何在半盲状态下圆满完成这些演出的呢?这可不是一件简单的事情,除去演员本身所要承担的表演任务之外,阿隆索比其他人要付出得更多,当然这也有赖于她的舞伴以及整个演出团队对她的特殊照顾。比如,在每次演出时都有人在侧幕条后用声音为她提示方向;舞团还专门为她设计了大功率的射灯,并安装上不同的颜色,以便提示她不要靠乐池太近;为了更加保险,在舞台的边缘安装了一根细线,防止她跳出舞台;最后还有她那些亲爱的舞伴们,在表演时通常会用手臂包围着她,带领她从一个点到另外一个点。就这样,在她自己的刻苦努力和朋友们的悉心照顾和帮助下,阿隆索在舞蹈艺术上取得了一个又一个成就。

1940—1948年,阿隆索在美国芭蕾舞剧院担任独舞和主要演员期间,以锲而不舍的精神,几乎跳遍了经典芭蕾舞剧中的重要角色,这些经验为她日后回到古巴创办舞蹈团奠定了扎实的基础。

怀着对祖国的深深眷恋,阿隆索和丈夫在1948年一起回到古巴哈瓦那并以自己的名字创办了一个芭蕾舞团——艾丽西亚·阿隆索芭蕾舞团,费尔南多担任团长,他的哥哥阿尔贝托担任公司的艺术总监。舞团的运营经费大部分来自阿隆索自己的私人资助、芭蕾爱好者的捐款以及古巴教育部的少量补贴。阿隆索坚持艺术的最高标准,从纽约请来最优秀的教师为舞团的成员授课和排练。与此同时,阿隆索还保持着与俄罗斯蒙特卡洛芭蕾舞团和巴黎歌剧院芭蕾舞团的合作关系,并在20世纪50年代经常去这两个舞团参加演出。

20世纪50年代中期,古巴独裁者福尔亨西奥·巴蒂斯塔对岛内的艺术家和知识分子采取了敌视的态度,他大幅削弱了给予阿隆索芭蕾舞学校和剧团巡演的资金支持,从而给阿隆索舞蹈学校形成了政治和经济上的双重压力,迫使学校陷入了困境。最终,阿隆索选择了关闭学校,重新加入俄罗斯蒙特卡洛芭蕾舞团。1959年1月1日,古巴革命英雄菲德尔·卡斯特罗推翻了巴蒂斯塔的专制统治。获得新生命的古巴显示出欣欣向荣的新气象,同时卡斯特罗宣布将对国家日益衰落的文化发展增加财政支持。在这种情况下,阿隆索放弃了美国的优越生活,应卡斯特罗的盛邀回到古巴,重新组建芭蕾舞团,并成为古巴"芭蕾外交"的文化大使。

新成立的舞蹈团被命名为"古巴国家芭蕾舞团",成立之初便收到政府给予的 20 万美元支持。没有了经济和政治的后顾之忧，阿隆索开启了全新的创业模式。在她的倡议下，古巴建立起本国芭蕾演员培养机制，每个省都开办了学制八年的芭蕾舞学校，同时，阿隆索用她多年的舞台经验，精心创编了一批具有古巴特色的芭蕾舞剧和舞蹈片段。在她的精心培育下，古巴芭蕾从无到有，逐渐成长为古巴人民为之骄傲的民族文化。在 20 世纪 50—60 年代，阿隆索凭借自己在世界芭蕾舞坛的声誉，带领舞团走遍了世界各国，为封闭的古巴打开了外交新局面。同时，自 20 世纪 60 年代古巴芭蕾舞演员获得国际芭蕾比赛金奖之后，古巴国家芭蕾舞团逐步走向世界，成为世界一流的演出团体，而阿隆索也与雪茄和蔗糖一起成为古巴的"三宝"之一。

20 世纪 60—70 年代，阿隆索的视力状况越来越差，但她并没有为此终止演出，她坚持在欧洲和其他国家进行表演。在舞台上，她将娴熟的技巧和内心的激情结合起来，塑造了一批新的舞蹈形象，比如《卡门组曲》(1967 年)中的卡门和《奥狄浦斯王》(1970 年)中的伊奥卡斯特等。

作为古巴舞蹈界的领袖人物，阿隆索以她自身顽强不息的精神感染和指导着她所培养的古巴新一代舞者们，在她的学生中，有许多已经成长为世界级演员，美国芭蕾舞团、波士顿芭蕾舞团、旧金山芭蕾舞团、华盛顿芭蕾舞团和英国皇家芭蕾舞团等，都有她的学生在那里从事表演工作。同时，古巴国家芭蕾舞团每年都要在世界范围内进行巡演，在古巴国内每两年也会举办一次国家芭蕾舞艺术节，欢迎来自世界各地的舞蹈家们相聚古巴，切磋艺术。阿隆索用她不懈的努力，有效促进了古巴与世界的交流，从而维护了世界和平，促进了古巴与世界的和平共处。

20 世纪 90 年代，活跃在舞台上半个多世纪的阿隆索因为视网膜脱落几近失明,尽管无法再登台表演,年逾古稀的她全身心投入幕后排练工作。为了奖励她对古巴芭蕾所做出的杰出贡献,政府授予她"共和国民族女杰"的光荣称号。阿隆索还成立了以自己名字命名的舞蹈基金会,用以鼓励古巴芭蕾教育的发展和作品的创新。2002年,她被授予"古巴共和国形象大使"称号的同时,也因对世界芭蕾与和平的贡献,被联合国教科文组织授予"文化亲善形象大使"的称号。

继20世纪60年代以来,阿隆索带领古巴国家芭蕾舞团四次来中国进行了友好访问演出,最近的一次在2014年7月22日,与中央芭蕾舞团共同演出了《吉赛尔》《唐·吉诃德》等经典剧目,阿隆索还特别为中国创作了芭蕾舞《舞者》,受到了观众的热烈欢迎。可以说,阿隆索不仅是古巴人民的骄傲,也是中国人民的好朋友,更是世界芭蕾界的宝贵财富。

沉鱼落雁之舞人——西施

生卒年：春秋战国时期

国籍：中国

成就：春秋战国时期著名舞蹈家，曾在吴越之战中帮助越王勾践战胜吴王夫差

西施,春秋末年越国人,春秋战国时期出生于越国诸暨苎萝村(今浙江境内)。本姓施,名夷光,因家住苎萝村西,所以得名西施。她天生丽质,是我国古代四大美女之一。

　　春秋末年,江浙一带吴、越两国争霸,连年战乱不休。公元前494年,越国战败,吴王夫差生擒越王勾践。为了羞辱对方,吴王没有立即杀了越王,而是将他带回宫中,作为奴仆差遣使用。在这种情况下,越王忍辱负重,卧薪尝胆,忍受了吴王的胯下之辱和别人的嘲笑讥讽,最终,在公元前490年获得了被释放回国的机会。

　　回国后的勾践重整力量,打算寻找时机杀回吴国,以洗刷自己所受的奇耻大辱。但是,他并没有贸然行事,而是跟大夫文种积极商讨复国办法。在谈到吴王荒淫好色时,文种献计,在国内寻找美貌并擅歌舞的女子,献给吴王,以乱其政,达到灭其国的目的。此美人计一经提出,便正中越王下怀,于是一拍即合,由此发生了之后的故事。

　　此时,在风景如画的苎萝村里,一位美丽的少女一边婉转歌唱,一边在村子旁边的溪水里洗衣服。这个少女有着纤细的腰肢、白皙的皮肤,一头乌黑浓密的秀发拖在身后,清清的溪水倒映出少女美丽的脸庞,水中的鱼儿看见了她的美貌,竟然忘记了游动,一不小心沉了下去,这位美丽的女子就是西施姑娘。碰巧越王派出的搜寻美女的差役途经此地,婉转的歌声把他吸引到溪边,青山绿水间,一名年轻貌美的女子在此地浣纱,此美景让差役忘记了赶路,他觉得应该没有比这个姑娘更适合的人选了。因此,就在西施收拾好洗净的衣物准备离开时,差役对她发出了诚挚的邀请……就这样出身贫寒的西施在她十五岁的时候被选入宫。

　　西施入宫之后,她的美貌让勾践感到非常满意,但美中不足的是,她的歌舞才艺距离勾践心目中理想的人选还有一定的距离,因此,他便安排西施住在会稽县(今绍兴)东的土城,让一个能歌善舞的宫女,专门教她唱歌跳舞。

刚开始的时候,西施还是很有兴趣的,但是久而久之,天天学歌习舞,却没有人来欣赏,她渐渐感到无趣,想想自己已经年方二八,虽貌若天仙,但还没有找到意中人,学那么多歌舞有何用呢? 这时,越王的一个宠妃看破了西施的心思,于是她语重心长地跟西施说:"自古以来,作为绝色美女必须要具备三样东西:一是出众的容貌,二是动人的歌舞,三是婀娜的体态。你只有容貌是不够的,不仅要能歌善舞,还要修得神态悠闲、婀娜多姿,才能不愧是真正的绝色美女。"听了这番话,西施感到有些羞愧。于是,她开始发愤学习歌舞,高高的城墙内常常传出她婉转的歌声,深深的宫苑里常常看到她挥舞长袖翩跹起舞,她的舞蹈是如此的轻盈柔美,让所有人看了都为之赞叹不已。

就这样,经过三年的苦练,十八岁的西施已经成长为一个容貌倾国倾城、歌舞技艺超群、体态婀娜的美女。越王见复仇的时机已成熟,就委派相国范蠡带着西施和另外一名美女来到吴国,以谢不杀之恩为名,将两名美女献给夫差。夫差知道后非常高兴,同时在观看了西施献演的歌舞以后,神魂颠倒,顿时被西施给迷住了。这时,吴王的大臣伍子胥看出了蹊跷,他冒险挺身而出对吴王进行劝阻,列举了历史上所有因美女而亡国的事实,并诚恳地告诫吴王:容纳有才干的人,才是国家的宝,过于宠溺女人往往是祸国之灾。但是,色欲熏心的吴王此时心思只在西施身上,他哪里听得进伍子胥的逆耳忠言呢? 喝退伍子胥之后,他迫不及待地收下了这份来自越国的"厚礼"。

此后,吴王在西施的陪伴下,沉湎在歌舞享乐之中,懒理朝政。他挖空心思讨西施的欢心,命人在苏州灵岩山上修建了一座豪华的"馆娃宫",专门用于西施表演歌舞和欢宴游乐,宫内铜勾玉槛,饰以珠玉,楼阁玲珑,金碧辉煌。除此之外,还有一个特别修建的长廊,这个长廊的地板是木头铺就的,木头下面是被装置在地面以下的大缸,这样,穿上木屐在走廊上跳舞或走路的时候,便会发出清脆的响声,这条长廊就是专门修给西施跳舞用的,叫作"响屐廊"。西施还在裙子上挂上小铃铛,在响屐廊里随风舞动的时候,叮当的铃声配合木屐的嗒嗒声,十分有趣而美好,这一切让夫差对西施更加宠爱了。

就在吴王沉湎于歌舞、纵情享乐的时候,越王勾践已经做好了全面进攻的准备。这时的吴国由于疏于管理,逐渐出现了经济衰退的景象,耿直贤明的大臣由于得不到重用,也陆续都离开了吴国。公元前473年,等待了多年的勾践再次带兵攻打吴国,终灭吴国。夫差这时才想起伍子胥的忠告,可是为时已晚,面对现实,他只得含恨自杀身亡。

吴王死了以后,越王总算是出了一口恶气,但是,取得了战争胜利的勾践并没有完全放松警惕,他担心此次帮助他取得胜利的大臣们会进一步对自己的国家有所企图。对此,聪明的范蠡早有准备,在越王大宴群臣的夜晚,带上西施,借着夜色的掩护,撑起一叶扁舟,悄悄地离开了越国,从此湮没在历史中。

尽管已过千年,但西施参与复国的历史故事仍在民间久久流传,如今,在苏州的灵岩山上,还保留着吴王宠信西施时留下的遗迹,比如梳妆台、玩月池、吴王井等等。人已故去多年,青山依然还在,西风吹过,耳畔仿佛响起西施在响屐廊跳舞时的清脆铃声……

中国史上最轻盈的舞人——赵飞燕

生卒年：汉成帝时期（公元前51年—公元前1年）

国籍：中国

成就：汉代著名舞蹈家，因舞姿特别轻盈，被称为赵飞燕，开启了中国几千年轻盈舞风的审美观赵飞燕,汉代汉成帝刘骜的第二任皇后,名宜主,吴县(今江苏苏州)人,因其擅长"气术",舞姿如燕子般轻盈,故得名赵飞燕。她母亲是江都王的孙女,人称江都郡主,她的父亲叫赵曼,曾任江都中尉,但史传她的生父却是赵曼家中一个叫冯万全的乐师。赵飞燕,以及她后来的妹妹赵合德都是江都郡主和冯万全的私生子。

由于不是赵家的亲生骨肉,赵飞燕在出生后没多久即被家仆扔至野外三日,但母亲怜子心切,又找回孩子继续抚养。不久,由于江都王计划谋反泄密,赵家受到牵连而被削去官职,沦为奴隶,赵曼在失意中抑郁死去,留下江都郡主和两个幼子流落长安,在街头打草鞋艰难为生。而这时赵飞燕的生父冯万全也已经故去,幸好冯万全的一个挚友赵临听说了赵氏母子的悲惨遭遇,便将赵飞燕姐妹接到家中,教她们唱歌跳舞。赵临时任当朝皇姊阳阿公主的家令,因此,在学会歌舞表演技能之后,赵临将这姐妹俩推荐到了阳阿公主府做歌舞伎。

命运曲折的姐妹俩这才获得了一丝命运的转机。这时的赵飞燕虽经受了苦寒,但正当二八年龄,身材窈窕,体态轻盈,又善行"气术",受到赵临的调教之后,能歌善舞,举手投足更有韵味,出落成一个俏美的女子。进入了公主府以后,赵飞燕很快就讨得了阳阿公主的欢心,公主在宴请客人的时候经常让她出来助兴表演。

汉成帝有一次到阳阿公主家做客,公主为了款待成帝便请出家里的歌舞伎们为他表演歌舞。赵飞燕曼妙的舞姿、婉转动人的歌喉、顾盼生辉的双眸一下子吸引了成帝的注意,一整晚都跟赵飞燕眉来眼去的。阳阿公主看出了成帝的心思,便慷慨相送,将飞燕赠予了成帝,由此彻底改变了赵飞燕的命运。

入宫以后,成帝立即封她为婕妤,是宫中等级很高的妃嫔,享有非常高的待遇。赵飞燕的美貌和她非凡的歌舞技艺让她在后宫妃嫔中十分出众，她的舞蹈轻盈飘逸，身材纤细柔美，当她迎风起舞时，让人感觉她随时会被风带走似的。传说汉宫中有个很大的太液池，池中有个瀛洲，上面建有高达40尺的舞台，汉成帝和赵飞燕经常在上面歌舞娱乐。有一次，赵飞燕穿着薄如蝉翼的云水裙在瀛洲舞台上表演《归风送远之曲》时，汉成帝以玉环击玉盆给她打拍子，冯无方吹笙伴奏，当时狂风大作，赵飞燕在台上衣袂飘飘，眼看就要被风吹走了，冯无方急忙拉住赵飞燕的裙子留住了她。风停了以后，赵飞燕的裙子被冯无方抓出了褶子，从此宫中开始流行这款带褶子的裙子，还美名为"留仙裙"。之后，汉成帝怕再发生这样的事情，便命人专门建了一个"七宝避风台"送给赵飞燕居住。

除了"留仙裙"的故事之外，赵飞燕还有一个"能做盘中舞"的典故。传说汉成帝为了突出赵飞燕的轻功，特地让人造了一个特大的水晶盘，命宫女们用手掌托着，赵飞燕在上面翩翩起舞。对此，后人即便看不到真实的场面，也是充满了绮丽的想象。比如明代画家仇十洲的《百美图》中就有赵飞燕在一张小方毯上飘然起舞的舞姿。

除了超人的轻功之外，赵飞燕还发明了一种舞姿的衔接动作——踽步，走时踮起半脚尖，小碎步前进、后退或者横行，再手捻花枝，身体微颤，更加衬托了她舞蹈的美态。从赵飞燕的踽步中，我们看到了今天戏曲古典舞中"花梆步"的影子。

尽管因为自身的美貌和才华受到皇帝的恩宠，但是在后宫残酷的斗争中，赵飞燕不得不使用手段来保护自己。首先，她将自己的亲妹妹赵合德推荐给了成帝，以便和妹妹联起手来共同捍卫自己在宫中的位置。成帝因为赵飞燕的宽容和善解人意而更加宠爱她，在赵氏姐妹的诱惑下，成帝狠心废掉了自己的原配夫人许皇后,并册封赵飞燕为后,封赵合德为妃嫔中最高等级的昭仪,连带着赵飞燕的养父赵临也被封为成阳侯。不仅如此,赵飞燕还对宫中的其他嫔妃进行了严格的控制,为了避免将来自己的位置受到威胁,她不允许其中任何一个妃子怀孕,引发了"生下者辄杀,堕胎无数"的局面,当时民间还流传着"燕飞来,啄皇孙"的童谣。而深陷迷局的汉成帝却不明就里,不仅没有追究赵飞燕的责任,还在不惑之年,配合赵飞燕的计谋两次杀子,断绝了自己的后代。

公元前7年,汉成帝因纵欲过度,死在赵合德的怀里,之后赵合德被群臣逼迫自尽。成帝死后,赵飞燕扶持他的侄儿哀帝刘欣即位,新帝为感恩德,便尊她为皇太后,让她又享了六年的富贵生活。哀帝去世后,平帝刘衍即位。朝里群臣指责赵飞燕有失妇道,没能给成帝生下一儿半女,断了皇室的后代,将其从皇太后贬为皇后,迁居至北宫,过了一个多月,被废为庶人,之后大司马王莽以赵飞燕杀害皇子为罪名,逼其自尽。就这样,风光一时、权倾一世的赵飞燕终于化作青烟,随风飞去。

千年的历史淹没了曾经的是是非非,但赵飞燕的美貌与高超的舞蹈技艺为后世留下了千古绝唱。唐代诗人李白曾经拿赵飞燕的美貌与杨贵妃做比:"借问汉宫谁得似,可怜飞燕倚新妆。"诗人徐凝也在《汉宫曲》中感叹了赵飞燕高超舞艺的旷世之功:"水色箫前流玉霜,赵家飞燕侍昭阳。掌中舞罢箫声绝,三十六宫秋夜长。"

因此,赵飞燕可以被称为我国汉代最杰出的舞蹈家。

昔有佳人公孙氏，一舞剑器动四方
——公孙大娘

生卒年：唐开元年间

国籍：中国

成就：中国唐代极负盛名的舞蹈家，给历代书法家、诗人带来无尽的灵感和想象

在中国古代瀚如烟海的舞蹈史料里，留下了一个英姿飒爽、俊朗而不失俏丽的女舞人形象，这个略带神秘感的女子，便是唐代著名民间舞蹈家公孙大娘。

公孙大娘出生于河南许州一代，生活在唐开元年间。根据萧遥天《中国人名的研究》，唐代人的名字常常用姓氏加上家中排行来取名，比如女子排行老大就叫某某大娘，排行老二就叫某某二娘，那么"公孙大娘"即指在家排行老大的意思，并不是老年妇女的意思。正史对于公孙大娘没有任何记载，但是在《全唐诗》中出现了不少歌颂她的诗篇，从侧面佐证了她的存在。她第一次出现在史料里，是在唐代著名诗人杜甫的诗篇中。767年，杜甫在夔府别驾元持家里，看到了一个女子手拿剑器洒脱舞动的场景，问了之后，才知晓这个女子叫李十二娘，来自河南临颍县，是公孙大娘的弟子。提起公孙大娘，杜甫顿时回忆起他年幼时曾经看到过的一个女子，这个女子在河南郾城的一个广场上表演"剑器浑脱"（一种手持剑器的武舞），时年4岁的杜甫就在观赏的人群中，虽然尚年幼，但是公孙大娘的高超舞艺，给他留下了十分深刻的印象。

杜甫在诗中这样描绘了公孙大娘的剑器舞："昔有佳人公孙氏，一舞剑器动四方。观者如山色沮丧，天地为之久低昂。爟如羿射九日落，矫如群帝骖龙翔。来如雷霆收震怒，罢如江海凝清光。"时隔一千三百多年，我们无法想象公孙大娘当时是如何舞动的，但是从杜甫的诗中可以想象到，公孙大娘的剑器舞让四方皆为其所动，她舞剑的身段像后羿拉弓射太阳般矫健，又像是玉皇大帝驾驭着数条神龙在飞翔，她起舞时如电闪雷鸣，令人屏声静气，收舞时恬淡自然，如平静海面的波光粼粼，所有观舞的人无不为之感到惊心动魄，继而爆发出雷鸣般的掌声与喝彩。

根据史料记载,在唐玄宗时期,由于舞艺高超,公孙大娘有段时间被招入皇宫为皇亲贵族们表演,这是她人生最为辉煌的时刻。在教坊、梨园和宜春院这些皇家歌舞团体的最高级别艺人中,没有一个能像公孙大娘这样潇洒地表演剑器舞,"自高头宜春、梨园二伎坊内人泊外供奉,晓是舞者,圣文神武皇帝初,公孙一人而已"(杜甫《观公孙大娘弟子舞剑器行》序)。有关公孙大娘在宫中生活和演出的情形,在《明皇杂录》中也记载了一些往事:时公孙大娘能为《邻里曲》及《裴将军满堂势》《西河剑器》《浑脱》舞,妍妙皆冠绝于时。可见她常常表演的节目有《邻里曲》《裴将军满堂势》《西河剑器》《浑脱》。郑嵎的《津阳门》也提到在唐明皇生日那天,公孙大娘舞剑器祝贺,并赞她舞得"雄妙神奇"。

不知何故,后来公孙大娘离开宫廷,回到了民间,在广场上和达官贵族家里又出现了她舞动长剑的身影。唐代著名书法家张旭曾经数次在邺县(今河北临漳南、河南安阳北)看到公孙大娘舞《西河剑器》,受到她舞剑器时潇洒舞姿的启发,经过感悟用于书法创作中,从而使他的草书大大进步。"往者吴人张旭,善草书书帖,数常于邺县见公孙大娘舞西河剑器,自此草书长进……"(杜甫《观公孙大娘弟子舞剑器行》)

公孙大娘所舞的"剑器舞",在唐代属于"健舞"一类。相比较唐代的另一类舞蹈——"软舞"而言,健舞更加潇洒帅气、英武气派,舞者常常梳起高高的发髻,着贴身的戎装,手持长长的双剑起舞,舞姿有各种翻身、跳跃、击刺和舞剑动作,如果没有很高的技艺,不仅很难将真实的双剑舞得漂亮,还极有可能会伤到舞者自己。河南地处中原地带,是中国重要的武术发源地之一,由此可见,在皇家歌舞班子中出类拔萃的公孙大娘并不仅仅是花拳绣腿而已,而是极有可能出生在许州一个民间武术世家,自幼即开始习武,因此才能习得一身的好武艺。舞武相通,她在长期的表演生涯中,还非常善于吸收其他人的长处,比如她曾学习裴将军的"满堂势",融入自己的表演中,为她的表演增色。

公孙大娘来自民间,最后又回到民间。可以想见,在当时大唐盛世的历史背景下,有众多的民间艺人靠自己的表演技能外出谋生,公孙大娘只是这类民间艺人的一个小小缩影。她们这一群体的出现,极大地推动了民间舞蹈的发展,同时对后世戏曲、歌舞、杂剧等表演艺术的创作带来了一定的影响。比如,到了宋代,在宫廷歌舞大曲中就有一段表演杜甫观看公孙大娘舞剑器的故事;清代杂剧《饮酒仙》中,也描绘了公孙大娘向李十二娘传授技艺,张旭、怀素在一旁观看的场景。朝鲜族的剑舞也极有可能受到了唐代"剑器舞"的影响。

"剑器舞"在漫长的历史发展过程中也发生了一定的变化,比如,在宋代,它曾由独舞变成多人的"队舞",风格也从矫健英武变成长袖软舞,而到现在,剑舞已经成为中国古典舞的一个分支,基本上又恢复了它在唐代时的潇洒英姿,成为中国古典舞的重要组成部分。尽管公孙大娘人已不在,她动人心魄的"剑器舞"也只能通过想象来重温旧景,但是中国民间武术以及戏曲中的剑舞,是我们取之不尽、用之不竭的灵感来源,"剑器舞"的形式以及它自强不息的精神内涵,将被中华民族永远传承下去。

千歌万舞不可数,就中最爱霓裳舞
——杨贵妃

生卒年:719—756

国籍:中国

成就:唐代宫廷音乐家、舞蹈家,为后世留下了凄美的爱情故事和经典舞蹈《霓裳羽衣舞》

唐代是我国历史上政治长久稳定、经济繁荣、文化获得极大发展的朝代,这个时代也产生了光辉灿烂的舞蹈艺术。唐王朝自上而下皆自舞成风,人人以会跳舞为荣,由此产生了数不清的音乐家和舞者。除了像公孙大娘这样的民间舞蹈家之外,身为贵妃的杨玉环也是唐代著名的舞蹈家之一。

杨贵妃,本名杨玉环,719年生于容州(今广西容县),祖籍陕西华阴县(有争议)。她的曾祖父曾任隋朝吏部尚书,唐初时被李世民所杀,父亲杨玄琰曾任蜀州(四川崇州)的司户,杨玉环在10岁之前随父亲在四川生活。729年,她父亲去世,之后,她便寄养在洛阳的三叔家,后来又前往永乐(今山西永济)。

杨玉环16岁时,嫁给了寿王李瑁(唐玄宗与武惠妃所生的儿子),之后,两个人幸福地生活了5年时间。后来武惠妃去世之后,拥有后宫三千佳丽的唐玄宗却独独看上了儿媳妇杨玉环,因此,745年,杨玉环被安排出家进了道观,成了个女道士。同一年,唐玄宗安排杨玉环还俗并封她为贵妃,正式纳她为自己的妃子。

杨贵妃出生在官宦之家,自幼饱读诗书,善歌舞,通音律,最重要的是拥有绝美姿色。她体态微胖,雍容华贵,与西施、王昭君和貂蝉并称为中国古代四大美女。唐玄宗视后宫三千佳丽而不见,费尽心机将杨玉环迎娶进门,并谱写了二者之间千古绝唱的凄美爱情故事。

唐玄宗李隆基,生于685年,是唐代在位最久的一个皇帝。唐玄宗不仅贵为一国之君,也极富音乐才华,他会演奏琵琶、羯鼓,还喜欢自己创作音乐,他创作的乐曲有《秋月高》《春光好》《小破阵乐》等数百首。同时,他还是个杰出的乐队指挥,他经常组织教坊的乐工们到宫中一个叫作梨园的地方进行排练,其间,如果有一个人的音准不对,他都能辨别出来,并予以纠正,可见,唐玄宗是非常有天赋的音乐家。

在纳杨玉环为妃以后,唐玄宗极为满意,他们常常一起在宫中歌舞娱乐,杨玉环更是依据《霓裳羽衣曲》创作了《霓裳羽衣舞》表演给唐玄宗看,二人虽然年龄相差34岁,倒也是琴瑟和谐,非常美满。说到《霓裳羽衣曲》,背后还有一段离奇的故事。相传唐玄宗在梦中进了月宫,在月宫中听见美妙的弦乐,伴有数百身穿霓裳羽衣的仙女翩翩起舞,美轮美奂,醒来后的唐玄宗对这个美梦意犹未尽,因此,尝试着将他在梦中所听到的乐曲记录下来,并命乐师根据他记录的乐谱排练舞蹈。后来西凉都督杨敬述献曲《婆罗门》,声调和所排乐曲有些类似,于是就把唐玄宗在月宫中听到的那段作为散序,将《婆罗门》更名为《霓裳羽衣曲》,杨贵妃的《霓裳羽衣舞》就是根据此曲创作的。表演时,穿着点缀了羽毛的上衣和有彩虹般闪光花纹的裙子,梳着高高的云髻,头上戴着步摇冠,脖子上挂着串串用红色珊瑚做的璎珞,舞者舞态柔媚,"飘然转旋回雪轻,嫣然纵送游龙惊。小垂手后柳无力,斜曳裾时云欲生"(白居易《霓裳羽衣舞歌》)。唐代诗人白居易曾经观看过此舞的表演,并在诗赋中记录下了当时的场景:"千歌万舞不可数,就中最爱霓裳舞……案前舞者颜如玉,不着人家俗衣服。虹裳霞帔步摇冠,钿璎累累佩珊珊。"尽管白居易所看到的《霓裳羽衣舞》不是杨贵妃亲自所跳,也相隔了五十多年的时间,但能看出,此舞在宫中仍然是重要的保留节目。

《霓裳羽衣舞》是根据《霓裳羽衣曲》所创作的舞蹈,表演时在音乐奏至中序时开始起舞,根据音乐的节奏,舞蹈速度也由慢至快,在音乐演奏至高潮时(入破),舞者们快速旋转,使身上所佩戴的珠玉等装饰品纷纷洒落一地,待乐曲慢下来时,在长引一声之后,舞蹈结束。这个舞蹈在杨贵妃首演之后,逐渐有了双人舞和群舞版本,但杨贵妃的表演最为著名,当有人在她面前赞美汉代赵飞燕的轻盈舞姿时,她不以为然地说"《霓裳羽衣》一曲盖过了前人"。不仅她自己善跳,她还教会了自己的侍女张云容跳这个舞。

杨贵妃除了善跳《霓裳羽衣舞》,还擅长一种从西域传来的舞蹈——《胡旋舞》。这个舞蹈表演时急转如风,停下时还要稳当,需要一定的技巧和体能。宫廷中善跳《胡旋舞》的除了杨贵妃,还有唐玄宗的宠臣胡人安禄山,白居易曾诗曰:"中有太真外禄山,二人最道能胡旋。"

美若天仙又善舞的杨贵妃在宫中受到了唐玄宗极大的宠溺,虽然是贵妃,但是享受着皇后级别的待遇,宫中专门为她织造锦缎的仆人就有七百多人,杨家姐妹每年的脂粉钱也要上百万银两,玄宗为表达对她的爱意,曾特意作曲《得宝子》送给她。除此之外,她的整个家族都受到了玄宗的提拔和册封,比如,她的父亲杨玄琰被追封为兵部尚书、太尉,母亲李氏被封为凉国夫人,哥哥杨钊赐名国忠,被封为御史大夫、司空,大姐被封为韩国夫人,三姐被封为虢国夫人……杨家的宅院也修建得如宫殿般华丽排场,车马仆从,前呼后拥,杨家人可以自由地出入皇宫,这逐渐养成了他们专横跋扈的作风,连京城的高官也不敢轻易得罪他们。唐玄宗如此宠溺杨家,并几乎将注意力都集中在一个女人身上,对治理国家之事关心甚少,为盛唐的衰败埋下了祸根。

终于,杨氏家族穷奢极欲的生活和唐玄宗的不作为引起了人们极大的不满。756年,权臣安禄山和史思明发起了"安史之乱",唐玄宗被迫逃往四川,走前还不忘将杨贵妃带在身边。一行人逃亡至马嵬坡时,六军不发,逼迫唐玄宗赐死杨贵妃。尽管心中有一万个不情愿,但是此时的唐玄宗为了保命,也只能牺牲杨贵妃了,他仰天长叹,含泪拔出宝剑递给杨贵妃,杨贵妃也自知作孽太多,逃不过这个鬼门关,便咬牙切断了自己的喉咙,结束了这场始于不伦、终于荒淫的旷世之恋。

　　杨贵妃死时年仅三十七岁,在整个"安史之乱"过程中,尽管被判了死罪,但她留下的《霓裳羽衣舞》和与唐玄宗之间的凄美爱情,还是给后人留下了无数美好的想象,也给了后世艺术家们不尽的创作灵感,比如唐朝白居易的《长恨歌》、李白的《马嵬行》、杜甫的《哀江头》、杜牧的《华清宫绝句三首》、李商隐的《马嵬二首》,元朝白朴的《唐明皇秋叶梧桐雨》,清朝洪昇的《长生殿》,等等,留给世人无尽的唏嘘与感叹。

中国近代第一位舞蹈家——裕容龄

生卒年：1882—1973

国籍：中国

成就：中国清末最伟大的舞蹈家，最早将西方现代舞和芭蕾知识带进中国的人，也是最早开始从中国戏曲中挖掘舞蹈资料的人

中国舞蹈历史在经历过汉代的轻盈飘逸和唐代的富丽堂皇之后，一度陷入发展的低落期，尤其是明清时期，女子裹足已经成为一种普遍的现象，裹了脚的女子行动不便，更无法翩翩起舞了。另外，自宋以来，人们在观念上通常不再以会舞蹈为荣，而以之为耻。据史料记载，宋徽宗大观四年（1110 年），曾下诏"选国子生教习二舞"，但由于人们都"耻于学舞"，皇帝也不得不作罢。明代程朱理学"非礼勿言，非礼勿动"的思想对人们的言行进行了严格的控制。因此，到了晚清，独立的舞蹈不复存在，而是融入民俗活动和戏曲表演中。但是有一个生于清末的女子反其道而行之，不仅热爱并表演中国舞蹈，还学习了西方的现代舞、芭蕾舞乃至日本的古典舞，这个奇葩女子就是裕容龄。

裕容龄，1882 年生于清末一个官员家里，她的父亲叫裕庚，是清朝的一品官员。按照清朝惯例，所有官员家若生了女孩子都必须到朝廷登记，以便长大后选入宫为妃。但裕庚为了能给孩子更多的教育，便大胆地没有到朝廷登记，他的这一举动为后来裕容龄和姐姐裕德龄能自由学习音乐和舞蹈起到了非常重要的作用。

裕庚很注重子女的教育问题，他给家里的孩子们请了家庭教师，教他们语文、数学。但是容龄最喜欢的是跳舞，她常常在老师讲解让人难以理解的古诗文时，自顾自地边唱边跳起来。正好她的语文老师是个会弹七弦琴的琴师，所以，常常是老师弹琴伴奏，她跳着自编自演的舞蹈，度过了许多美好的童年时光。

1895 年，裕庚出任驻日本公使，他们举家来到日本。在日本，容龄常常有机会参加与日本官员家眷一起相聚的宴会。在一次宴会中，一个日本歌舞伎演员表演了日本传统的古典舞，这位演员的表演端庄秀丽、优雅含蓄,给年少的容龄留下了深刻的印象。她想学习但又不敢跟父母明说,因为作为清朝一品官员家的孩子,学习舞蹈不是一件光彩的事情。于是,她便求助于家里一位日本女仆,跟着这位女仆偷偷地学起了日本古典舞。她最喜爱的是一种日本扇子舞,名叫《鹤龟舞》,她学会了以后非常得意,就一直想找机会表演给大家看。正好有一天日本宫内大臣土方先生的太太到裕家做客,裕容龄在她们谈话的间隙,穿好日本的和服,恭敬地对土方太太说:"为了欢迎您的到来,我为您表演一段日本的古典舞吧。"接着,她拿着扇子,轻舞衣袖,辗转腾挪,为大家表演起了《鹤龟舞》。土方太太热情地夸奖了她,说她简直是个日本古代美人。送走土方太太之后,容龄的父母严厉地批评了她,说她不应该不经允许就在客人面前表演舞蹈,有失身份。尽管委屈,但是倔强的容龄还是坚持自己对舞蹈的爱好,最后父亲拗不过她,只得让步,并给她请了一个日本一流的舞蹈教师,但是限定她只能作为业余爱好,不能登台表演。尽管如此,容龄还是高兴极了,从此,在每天学完语文和日语等文化课之后,她和姐姐就能愉快地跟老师学习跳舞了。

1899年,裕庚驻日使者任期已满,同时又接到了出任法国使者的命令,因此,他们举家前往法国的巴黎。裕容龄和姐姐在巴黎圣心学校继续读书。有一次,一个外交官的夫人来到裕庚家拜访,看到了容龄和德龄两个聪明美丽的姑娘,便跟裕夫人建议说:"我家也有两个女儿,你家也有两个女儿,正好美国著名舞蹈家伊莎多拉·邓肯在巴黎教舞,不如让这四个孩子一起,请邓肯来教她们跳舞吧。"在巴黎,能歌善舞是上流社会孩子必备的才艺,裕夫人在这种情况下,不好意思驳这位外交官夫人的面子,也就欣然接受了。

邓肯是著名的美国现代舞舞者，她首创的赤脚、昂首、大跨步地跳舞，是美国自由精神的体现，她从古希腊和大自然中寻求灵感，遵循内心的感受，用符合自然的方式起舞，是美国现代舞先驱。她在看到容龄表演的舞蹈之后，认为容龄很有舞蹈天赋，非常高兴地收下了这个弟子。因此，裕容龄成为中国第一个也是唯一一个跟随邓肯学习过现代舞的人。

跟随邓肯学习了三年的舞蹈之后，容龄取得了优异的成绩并主演了邓肯编排的一个希腊舞剧。在舞剧首演的那天，容龄的父母和友人被邀请前去观看演出，但是当时裕庚和夫人并不知道女儿也要参加演出，因为他们曾经规定过女儿不能登台表演，为此，聪慧的容龄打算先斩后奏。等到裕庚夫妇发现在舞台上赤足裸臂、翩翩起舞的仙女竟然是女儿之后，他们既高兴又生气，高兴的是这孩子学有所成，能在舞台上表演得那么美好，生气的是她又一次无视家长的权威，让自己难堪。这次演出过后，容龄被父母软禁在家一个星期，但是容龄很了解自己父母，在不久之后，面对爱女的祈求，他们又做出了让步，同意她进入法国音乐舞蹈学院跟随著名教授萨那夫尼继续学习芭蕾舞。

1902年，容龄公开表演了《希腊舞》和《玫瑰与蝴蝶》，并获得了公众的一致好评。这一次父母再也不阻拦她，他们越来越为女儿感到骄傲。

1903年，裕庚在法国的任期已满，他们举家返回了中国。第二年，裕夫人、德龄和容龄作为慈禧太后钦点的御前女官为清宫服务。慈禧太后听说裕容龄会跳舞，就常常让她为自己表演舞蹈。从1904到1907年，裕家母女在宫中生活、工作了三年。这三年也是裕容龄进行舞蹈创作的高峰时期，她结合中国的民间舞蹈和戏曲表演创作了《扇子舞》、《菩萨舞》（观音舞）、《剑舞》、《荷花仙子舞》、《如意舞》等。虽然容龄的服务对象是慈禧太后，但是她从兴趣出发，对中国古典舞进行了积极的探索，为后来中国古典舞的独立复兴提供了宝贵的经验。

1912年2月12日，中国最后一个皇帝溥仪下诏退位，意味着中国两千多年的封建社会结束了。清王朝覆灭以后，在旧民主主义时期，裕容龄积极参加公益演出，1922年，她曾经参加在上海真光剧院为救济贫困农民而举办的义演活动。1949年，新中国成立之后，在周恩来总理的提议下，裕容龄被安排到国务院文史馆担任馆员工作。在这里她一边工作，一边撰写了《清宫琐记》，对她在宫中的舞蹈表演和创作活动进行回忆。在"文革"时期，她不幸成了造反派打击和迫害的对象，被打断了双腿，所幸周总理知道后，对她进行了一定的救助和关照，她才得到稍许的平静生活。1973年1月16日，在贫病交加中，裕容龄走完了自己的一生，享年91岁。

裕容龄出生在清末的官宦家庭，是一个贵族子弟，但是她没有沉湎于荣华富贵，而是忠于内心，坚持对舞蹈的热爱并克服了重重偏见和阻力，系统学习了西方现代舞和芭蕾舞。在回国后进行创作的过程中，她融会贯通自己所学习的现代舞和芭蕾舞知识，结合中国民间舞和戏曲，创作出了一批有中国古典气质的舞蹈作品，为振兴中国舞蹈事业做出了最初的探索，所以可以说，她是清末时期中国最伟大的舞蹈家。

新中国舞蹈之母——戴爱莲

生卒年:1916—2006

国籍:中国

成就:中国当代舞蹈的先驱和奠基人,舞蹈教育家,舞蹈艺术家,被誉为"新中国舞蹈之母",现代中国舞蹈的"四大国宝"之一

1949年10月1日，伟大领袖毛主席在开国大典仪式上郑重宣布："中华人民共和国中央人民政府今天成立了！"从此开始了社会主义新中国的全新时代。从那天起，中国各行各业都逐渐显示出欣欣向荣的新气象。在舞蹈界，有一位身材娇小的女子也显得特别忙碌，她一边为组建中央戏剧学院舞蹈团而奔忙，一边紧锣密鼓地张罗着芭蕾舞剧《和平鸽》的排练，同时还肩负着开创新时期舞蹈教育新局面的任务，这个女子就是后来被称为"新中国舞蹈之母"的戴爱莲女士。

　　戴爱莲，1916年出生于美丽的西印度群岛之特立尼达岛上。这是一个英属殖民地国家，戴爱莲的曾祖父在19世纪初作为第一批中国过来的劳工，曾经在这里过着异常艰苦的生活。经过100多年的努力，到戴爱莲出生时，岛上劳工们后代的生活已经有了大大的改善。爱莲的父亲当时在特立尼达岛上种植甘蔗和咖啡，还做一些小生意，一家人生活得富足而充实。爱莲是家中最小的孩子，她上面还有两个姐姐，没有兄弟，她的母亲有十多个兄弟姐妹，因此，童年时期的爱莲常常和她成群的表兄弟姐妹们一起去海边玩耍。特立尼达岛是一个热带岛屿，岛上阳光充足，有丰富的动植物和鸟类资源，经常在外玩耍的爱莲被强烈的阳光晒得一身黢黑，大家都亲切地称她为"可可巧克力"。

　　爱莲从小就精力充沛、活泼爱动，她从妈妈那里学会了唱歌，尽管她唱歌常常不在调上，但还经常自编舞蹈跳给妈妈和奶奶看。5岁的时候，爱莲诸多表姊妹中的一个从英国来到岛上度假，这个姐姐在英国学习过正统的芭蕾，因此，爱跳舞的爱莲就央求她教自己跳芭蕾。这个表姐热情地教了她一些芭蕾的基本动作，从此，爱莲便一下子喜欢上了芭蕾，并在上小学的时候在学校登台表演。作为鼓励，父亲总是在她演出过后，送她一些小小的礼物,这激发了爱莲想把舞蹈跳得更好的想法。

　　爱莲所在的学校为了给白人的孩子开设舞蹈课,便邀请了一位芭蕾老师定期来授课。因为爱莲的皮肤是黄色的,所以不能参加,但她非常渴望能有机会学习舞蹈,她让自己的妈妈跟老师协商,经过多次的恳求,在看过爱莲的舞蹈之后,那位老师终于同意让爱莲插班学习。聪明的爱莲不仅喜欢跳舞,还很喜欢自己编舞。有一年的复活节,她创作了一个庆祝节日的节目《彩蛋》,她自己穿着模仿小鸡的服装,并用纸糊了一个巨大的蛋壳,在表演中,她冲破蛋壳,跳了出来,她的创意得到了大家的称赞,爸爸妈妈也为她的精彩表现感到欣慰和自豪。

　　1927年,爱莲的父亲染上了赌瘾,不能负担整个家庭的支出了,她的母亲也不得不出来找工作,她先去了英国学习裁缝,又去了巴黎学习做毡帽,之后她回到了特立尼达岛。她除了带回来养家的技能之外,还给心爱的女儿带回了一本杂志——《舞蹈时代》。在这本杂志中,爱莲认识了著名的舞蹈家安东·道林和艾丽西亚·马尔科娃,她给这两位舞蹈家写信,向他们求助,希望自己能继续学习跳舞。这两位舞蹈家都给爱莲回信了并给予她热情洋溢的鼓励,安东·道林还邀请她去伦敦跟自己学习舞蹈。于是,1930年,戴爱莲和她的两个姐姐以及母亲登上了前往伦敦的客轮。

　　到了伦敦之后,戴爱莲立刻投入紧张的学习中,除了跟随安东·道林上课,她还在课余时间跟随玛丽·兰伯特和玛格丽特·克拉斯科学习舞蹈,这些老师都是英国著名的舞蹈名家。1932年,戴爱莲第一次在英国登台表演,她在歌剧《海华沙之歌》中担任了群舞之一。

　　20世纪初,西方现代舞在英国已经有了一定的传播,其中德国表现主义舞蹈家玛丽·魏格曼在伦敦的一次演出,让一直在学习古典芭蕾的戴爱莲一下子受到极大的震动,她说:"以前我从没有见过任何一种舞蹈,在舞台上像'发电'一样的夺人心魄,但她的舞蹈却有这样的震撼力,整个剧院都被感动了!"芭蕾的不够生动和过于程式化的缺点,让戴爱莲感到不满足,魏格曼的舞蹈表演大大激发了她对现代舞的兴趣,她加入了魏格曼的学生莱斯利·巴若斯·古森斯在伦敦开办的现代舞工作室学习现代舞。现代舞本身就是反对芭蕾过于程式化和僵化而出现的,在现代舞仍然是个新生事物的年代,部分现代舞者和芭蕾舞者是处于互相敌视状态的。在这个现代舞班里,由于芭蕾舞者身份,她在一定程度上受到了老师和同学们的排斥,尽管如此,出于对现代舞的喜爱,戴爱莲还是坚持在这个班学习,同时,还创作出了一个现代舞作品——《进行曲》,以表明自己学习现代舞的决心。受过系统芭蕾教育的戴爱莲明白现代舞和芭蕾之间实际上是可以互补的,以现代舞的观念加上芭蕾的技巧,才是最完美的。但是当她跟自己的老师和同学们提出这个建议的时候,遭到了大家一致的反对,他们还将这个持"异端邪教"的人从现代舞班中开除了。但是她并没有就此中断现代舞的学习,她找到了另外一位来自德国的现代舞舞蹈家恩斯特·伯克继续学习舞蹈。

1936年,戴爱莲的父亲由于赌博输了太多的钱,生意也经营不善破产了,再也无力负担她在英国的生活和学习费用了,她的姐姐回到了特立尼达岛。在经过抉择之后,爱莲决定留在伦敦继续学习。她开始兼职打工赚钱养活自己,在这段时间里,她帮别人打扫卫生、跑龙套、做服装模特、在电视台跳舞等等,她早期的舞作《波斯广场的卖花女》《伞舞》等,就是这个时期的作品。虽然很辛苦,但是这样的生活锻炼了她的生存能力,同时让她交到了一大批热心善良的朋友,她一生最为倾心的初恋情人威利·苏考普也是在这段时间认识的,尽管后来威利有婚约在先不能娶她,但是他曾经帮助她度过了求学时最为困难的时刻。

1939年,戴爱莲认识了德国现代舞派芭蕾舞蹈家库特·尤斯,尤斯的现代芭蕾给当时处于迷茫困惑中的戴爱莲找到了前进的方向。尤斯是一个德国籍犹太舞蹈家,他曾经系统地学习过芭蕾,又曾经跟随匈牙利现代舞教育家拉班学习过现代舞,他创办了德国埃森福克旺艺术学校舞蹈系,同时又开启了德国"舞蹈剧场"的时尚先锋,他融合芭蕾和现代舞的手法创作了现代芭蕾反战作品《绿桌》,该剧曾获得巴黎首届编导大赛的一等奖。他的舞蹈新思想一下子点燃了戴爱莲的热情,通过努力,戴爱莲考入尤斯–雷德舞蹈学校,成为一名免费学习生。在这个学校,戴爱莲度过了半年美好而珍贵的时光,她还系统学习了拉班舞谱,后来成为拉班舞谱的传播者。

戴爱莲虽然生在距离中国遥远的特立尼达岛上,但是她对自己中国人后代的身份一直没有忘记,她十分渴望对中国多一些了解,她去大英博物馆阅读英文版《中国历史》以了解中国文化。杨贵妃的故事深深吸引了她,为此,1936年,她还编了一个独舞《杨贵妃》,表达她对中国唐代舞蹈家的敬意。她读过一本美国作家埃德加·斯诺写的《西行漫记》,书中描写了1936年中国共产党带领革命儿女为争取民族解放所做的英勇斗争,爱莲读完这本书以后,心情异常激动,她多么希望自己也能加入中国共产党,加入为祖国求解放的队伍中来。

1937年7月7日,中国爆发了卢沟桥事变。1938年,宋庆龄在香港组织"保卫中国同盟"义演活动。戴爱莲怀着满腔热忱,自编了《前进》《警醒》等舞蹈作品,参加了在伦敦进行的"保卫中国同盟"活动,为支持中国抗战贡献自己的力量。

1939年年底，第二次世界大战全面爆发之际，在一位名叫张树理的朋友的帮助下，爱莲登上了回中国的客船，经过几个月的艰难航行，在1940年年初，她先抵达了香港。在香港，宋庆龄热情地接待了她，并介绍了很多国内文艺界朋友给她认识，画家叶浅予就是其中的一个，后来他们之间产生了感情，并在宋庆龄的主持下，结成了连理。

　　1941年，为欢迎戴爱莲回国，舞蹈家吴晓邦和盛婕夫妇与戴爱莲一起在重庆举行了舞蹈专场演出，戴爱莲创作和演出了《警醒》《前进》《朱大嫂送鸡蛋》《东江》《游击队的故事》《思乡曲》《卖》《空袭》《森林女神》《拾穗女》等。这次演出非常精彩，给了国人耳目一新的感觉，因此评论界称这次表演是"新舞蹈的先锋"。戴爱莲为中国带来了现代舞和芭蕾舞这些对国人来说很新鲜的事物，而初到中国的戴爱莲也对中国的民族民间舞蹈充满了好奇。她从香港去广西路过大瑶山时，瑶族群众聚在一起击鼓而舞的情景给她留下了深刻的印象，后来，她据此编排了她的第一个少数民族舞蹈《瑶人鼓舞》。她还向桂林民间艺人学习了《哑子背疯》并改编成了《老背少》的舞蹈节目，受到了群众的欢迎。

　　对中国民族民间舞的发现和发掘，戴爱莲充满了激情。1945年初夏，在爱人叶浅予的陪伴下，戴爱莲克服了交通、语言、食宿、安全等重重困难，深入川北、成都、西康等地搜集民间舞蹈，她用拉班舞谱记录下这些珍贵的民间舞，并在采风归来后，加以整理搬上了舞台。1946年3月，在育才学校和社会各界的支持下，戴爱莲在重庆青年馆举行了新中国首次"边疆音乐舞蹈大会"，画家叶浅予为其设计了风格突出、活泼生动的民族舞宣传画，戴爱莲编导和表演了《瑶人鼓舞》《嘉戎酒会》《羌民端公跳鬼》《老背少》《保保情歌》《巴安弦子》《春游》《青春舞曲》

《康巴尔汗》等少数民族舞蹈。这次演出，在山城引起了极大的轰动，大家舞蹈的热情被点燃，掀起了跳民族舞蹈的热潮。后来戴爱莲又带着这台晚会到上海以及美国演出，引起了强烈的反响，不仅在国内带动了全民学习民间舞蹈的健康风气，还增加了外国友人对中国民间舞蹈的认识，戴爱莲也由于突出的贡献而被人们亲切地称为"边疆舞蹈家"。

1949年，新中国成立之后，戴爱莲担任了中央戏剧学院舞蹈团团长的职务，并排练了芭蕾舞剧《和平鸽》，得到了舞评家们的高度赞赏。1953年，她编导的《荷花舞》参加了"世界青年与学生和平友谊联欢节"并获得了集体舞二等奖的荣誉。自1954年起，她又陆续担任了第一任全国舞协主席、第一任北京舞蹈学校校长、中央芭蕾舞团团长等职务。1955年，她根据中国的敦煌壁画编创了古典舞《飞天》，在柏林世界联欢会中获得了奖项。

从1940年回国，到20世纪50年代，是戴爱莲进行舞蹈创作的高峰期，她结合自己所受到的芭蕾和现代舞教育，积极挖掘中国民族民间舞，并加以整理和推广，为中国民族民间舞蹈的发展贡献了青春和才华。从民间吸取养料，挖掘整理中国民族民间舞是戴爱莲回国后一直在做的工作，一直到晚年她都没有间断。

20世纪60—70年代，正是中国"文化大革命"时期，作为舞蹈领域重要人物的戴爱莲也受到了很大影响，她不仅被勒令停止工作，还被派去五七干校劳动、种菜、掏粪、养猪、养鸡等农活她都干过。尽管这个时期很苦，苦到她甚至想要自杀，但是活下去的坚定信念又帮助她撑了下来，直到"文革"结束。

粉碎"四人帮"之后，在党和人民的关怀和帮助下，戴爱莲逐渐恢复了工作。从1979年起，她年年都会出国访问，尽可能地扩大中国芭蕾舞在国际上的影响，做了很多"走出去、请进来"的中外交流工作。2006年2月9日，戴爱莲在为新中国舞蹈事业操劳一生之后，因病离开了人世。去世前，她把自己仅有的一套房产和银行存款全部交给了国家。她一生有过两次婚姻，但最后她独自走完了一生，留下20多部舞蹈作品，开辟了新中国舞蹈教育、舞蹈表演和舞蹈研究的新局面，为中国培养了众多的舞蹈家。尽管经受了那么多的磨难，但她如一朵莲花一般，出淤泥而不染，就如她在《荷花舞》中编的一样，"荷花朵朵齐开放，千里万里齐飘香"，她为中国舞蹈事业今天的繁荣奉献了毕生的力量，她被人们称为"新中国舞蹈之母"。

中国现代舞领军人物——吴晓邦

生卒年:1906—1995

国籍:中国

成就:著名的舞蹈艺术家、舞蹈理论家、舞蹈教育家,中国新舞蹈艺术的先驱,现代中国舞蹈的"四大国宝"之一

20世纪初,为新中国舞蹈建设而奔忙的除了戴爱莲女士之外,还有一位非常重要的人物,那就是吴晓邦先生。

吴晓邦,1906年12月18日,出生于江苏太仓沙溪镇一户贫农家中。在10个月大的时候他被过继给当地一个大户人家当养子,养母给他取名吴锦荣。1911年,养母将5岁的他送到私塾里学习。1913年,到了上小学的年纪,养母便给他报名进入当地浒墅关小学学习,并正式取名为吴祖培。沙溪镇有个当时江南地区最大的道观——玄妙观,这个道观始建于276年,由于历史悠久,被称为"江南第一古观"。在这个道观中,不仅有宏伟、精美的建筑群,还有唐吴道子画的老君像石刻、玄宗题赞、颜真卿书等碑刻(宋代张允迪摹刻),以及宋代众多画师所绘的巨幅壁画,最重要的是在每年的重要节日,观内都要举行隆重的庆典仪式。在这些仪式中,会有音乐或者舞蹈活动,这些活动给了少年时期的吴祖培以艺术的启蒙。

1916年,养母迁到苏州胭脂巷的吴宅居住,吴祖培便随同前往并进入美国人开办的东吴大学附中学习。1923年,吴祖培全家搬到上海,他在1924年考取了沪江大学附中。在吴晓邦的成长过程中,美丽的苏州和时髦的上海都给了他美的熏陶。

1929年,在养母的支持下,吴祖培前往日本早稻田大学学习经济和音乐。早稻田大学是一所世界级的一流学府,这所大学主张"学术要独立",鼓励学生们在民主的氛围中进行独立的思考和学习。吴祖培在这里感受到了一种积极的民主精神,同时出于对波兰音乐家肖邦的崇拜,他将自己的姓名更改为吴晓邦,并一直沿用至今。在这所学校,吴晓邦接触了西方的先进思想和艺术形式,一次现代舞演出成了彻底改变他命运的契机。

舞蹈《群鬼》是早稻田大学学生们编排的一个现代舞作品,这个舞蹈以木鱼的敲击声为伴奏,表现了冤死鬼、饿死鬼和吸血鬼等各种鬼魂在黑暗的地狱各自寻找出路的场景,用玛丽·魏格曼的表现主义手法,反映了现实社会的矛盾和罪恶。该作品给了吴晓邦极大的触动和激发,看了这个作品之后,他一连数晚都夜不能寐,仿佛灵感之光点亮了他的前程,他感到豁然开朗,终于找到一种能够表达自己的方式,他要用舞蹈来完成报国的理想。

1929—1936年,吴晓邦先后三次东渡日本,跟随高田雅夫、江口隆哉和宫操子学习芭蕾和现代舞。他以23岁"高龄"开始踏入舞蹈领域,并一发不可收拾,从最简单的舞蹈动作开始,他将所学的舞蹈技术和中国的现实结合起来进行舞蹈创作。1931年秋,他在上海四川北路一家商店的二楼,开办了属于自己的舞蹈学校,这也是中国近现代史上第一个舞蹈学校。但因为学校不收学费,甚至还要靠吴晓邦的家产来负担贫困学生的生活支出,所以半年后,这所学校停办了。

1932年,他又去日本跟随高田雅夫学习舞蹈。1933年,他创作了《傀儡》《无静止的动》。1934年,他的养母去世,他回到中国。1935年9月,他在上海兰心剧院举办了人生第一场舞蹈作品发布会,演出了《送葬》《傀儡》《小丑》《幻想的破灭》《吟游诗人》《爱的悲哀》等作品。这次发布会不是很成功,观众仅一位波兰女士,而且这位女士是出于想欣赏作为舞蹈伴奏音乐的肖邦钢琴曲才来的。痛定思痛,吴晓邦经过这次不成功的演出也悟出了一个道理,那就是舞蹈要反映现实,要能被群众所理解和接受,这个思路为他未来的创作指明了方向。

1935年10月,他又到日本继续跟随高田雅夫学习现代舞。在这次学习过程中,他同时学习了德国的现代舞,受益匪浅。1937年4月,他回到上海,举办了第二次舞蹈作品发布会,新推出《拜金主义者》《懊恼的解脱》《中庸者的悲伤》《和平的憧憬》

《奇梦》《思想恐慌时期》等作品。这次发布会的风格更加偏向现实主义新舞蹈风格,因此,取得了很好的反响。吴晓邦主张"为人生而舞",他的大部分作品都采用揭露、暗示、象征、讽刺等手法批判旧社会的黑暗,具有深刻的革命性和社会意义,这种革命性跟当时充斥着整个上海滩灯红酒绿的"大腿舞"是有本质区别的。

1937年,"七七事变"发生以后,中国进入全面抗日战争时期。在这个中华民族生死存亡的重要关头,吴晓邦义无反顾地投入战争中,他用聂耳的《义勇军进行曲》创作了同名现代舞,用于鼓励民众士气,表达同仇敌忾的决心。之后,他又先后创作了《游击队员之歌》《大刀进行曲》《丑表功》《流亡三部曲》《传递情报者》《思凡》《饥火》《合力》和舞剧《罂粟花》《宝塔与牌坊》《虎爷》等一百多部舞蹈作品,他用不懈的努力为中国的抗日战争呐喊,用智慧与热情为勇敢的战士们加油。在20世纪90年代,《游击队员之歌》和《饥火》被评论界认为是中国20世纪经典舞蹈作品。

1941年6月,为了欢迎舞蹈家戴爱莲从英国回到中国并加入抗战队伍,吴晓邦、盛婕和戴爱莲三人一起举办了一场舞蹈晚会。晚会上,三位舞蹈家以独舞、双人舞和三人舞的形式创造和表演了《思乡曲》《东江》《试练》《哑子背疯》《丑表功》《血债》《传递情报者》《出征》《合力》等作品。这次演出取得了非常好的效果,这也是新中国成立之前舞蹈家们的首次成功合作。

1945年以后,吴晓邦一直奔波在舞蹈教育和创作一线,比如他曾经奔赴延安,在鲁迅艺术学院教授舞蹈,在张家口华北联大办舞蹈班,在内蒙古文工团建立舞蹈队并创作排练了《蒙古舞》和《内蒙古人民三部曲》,在第四野战军总政治部文工团舞蹈队与胡果刚一起创作舞蹈《进军舞》,等等,为中国新舞蹈传播做出了极大的努力。

新中国成立以后，吴晓邦将精力主要用在教学和理论研究上。1954年，他担任了中国舞蹈艺术研究会主席，并培养了中国第一批舞蹈史论研究人员。他从1956年开始筹备，1957—1960年，在北京创办了天马舞蹈艺术工作室，并创作演出了《青鸾舞》《龠翟舞》《开山》《纺织娘》《太平舞》《梅花三弄》《一枝梅》《梅花操》《双猫戏珠》《串珠舞》《足球舞》《花蝴蝶》《阳春白雪》《渔夫乐》《十面埋伏》《平沙落雁》《北国风光》等作品。天马舞蹈艺术工作室的创作和表演，不仅将吴晓邦的代表性作品加以恢复和保留，还将现代舞与中国古典文化相结合，为中国新古典舞的发展做出了探索。

1979年，吴晓邦被推选为中国舞蹈家协会主席。1980年，吴晓邦担任中国艺术研究院舞蹈研究所所长。1985年，吴晓邦为新中国培养了中国有史以来第一批舞蹈硕士研究生，其中包括冯双白、欧建平、高历霆、谢长、宋今为五位同学。

吴晓邦在常年的舞蹈创作、表演和教育生涯中，一直坚持笔耕不辍，他所著的舞蹈理论书有《新舞蹈艺术初步教程》（1949年）、《新舞蹈艺术概论》（1952年）、《舞蹈新论》、《舞论集》、《舞论续集》、《舞蹈学研究》、《吴晓邦艺术录》和《我的艺术生涯》等，他还主编过多部大型舞蹈丛书。他率先在20世纪90年代提出"舞蹈学"概念，将中国舞蹈理论研究推向更高级阶段。

吴晓邦是一个来自人民的舞蹈艺术家，他开办了近代中国史上第一所舞蹈学校，举办了第一场个人舞蹈发布会，写作并出版了中国历史上第一本舞蹈艺术概论，培养了第一批舞蹈理论研究人才和硕士研究生，他是中国舞蹈史上有着重要影响和贡献的一代宗师。

维吾尔之花——康巴尔汗

生卒年：1922—1994

国籍：中国

成就：维吾尔族著名舞蹈家，第一位对维吾尔族民间舞蹈进行系统整理，并编写成教材的舞蹈教育家，被誉为"新疆第一舞人""维吾尔之花"，是现代中国舞蹈的"四大国宝"之一

在中国汉代有一个张骞出使西域的故事,这个西域就是包括今天新疆在内的中亚部分地区。新疆维吾尔族历来就是个能歌善舞的民族,由于中国中原与西域地区的经济文化交流,引进了不少来自西域的乐舞文化,中国汉唐时期著名的龟兹乐、疏勒乐、伊州乐、高昌乐、于阗乐等都是来自今天的新疆。著名的"十二木卡姆"艺术,是新疆的一种历史悠久的民间歌舞活动,同时,热闹欢腾的"麦西来甫"也是新疆人民十分喜爱的民间娱乐活动。在这些活动中,舞蹈都是必不可少的项目,因此,新疆人民个个能歌善舞,而且自古以来中原和新疆便有着频繁的文化交流和相互影响。

将新疆浩如烟海的民间舞蹈经过系统整理并编成教材引进教室,是在新中国成立后的事情。这其中有一个非常重要的人物,她对新疆民间舞蹈的挖掘、整理和推广工作,对新疆的舞蹈表演和教育事业做出了非凡的贡献,她就是康巴尔汗。

康巴尔汗·艾买提,1922年出生在新疆古城喀什噶尔的一个小小馕房里,她的父亲库尔班是个勤劳的打馕人,也是个民间艺人,母亲更是能歌善舞。康巴尔汗家中姐妹三个,她排行老二,老大名叫尼莎汉,老三名叫古丽巴热,三姊妹都继承了父母的歌舞才能,自小就对歌舞表现出浓厚的兴趣。

康巴尔汗的父母每天很早就要起床工作,在一盏小油灯的照耀下揉面、生火、烤馕,准备一天的活计,而小康巴尔汗则负责照顾年幼的妹妹。每当妈妈一边劳动一边唱起优美的歌时,康巴尔汗总是做一个忠实的听众,她一边摇着妹妹的小摇床,一边倾听着妈妈的歌声,慢慢地,她就跟妈妈一样,会唱很多维吾尔族歌曲。尽管生活贫穷,但康巴尔汗一家在父母的操劳下,过着简单而幸福的生活。

20世纪30年代,中国政府面临着严重的内忧外患,尤其是新疆地区出现了南疆分裂政权。在这种情况下,康巴尔汗的家乡喀什噶尔出现了物价飞涨、官税加重的情况。由于实在交不起日益飞涨的官税,康巴尔汗的父母不得不关闭了一家人赖以生存的馕房,带着三个年幼的孩子逃离不安稳的故土,前往苏联的塔什干、阿拉木图等地区,开始了他们的流浪生活。而她慈爱的父亲就是在这流浪的生活中染病去世的。

父亲去世之后,1934年,年幼的妹妹古丽巴热偷偷跟邻居的孩子一起报考了由俄罗斯人办的儿童音乐学校。考试时尽管她穿得又脏又破,但是当她唱起悦耳的歌、跳起动人的舞蹈时,考官们都为她所动容,所以,她被留下了,而邻居的孩子却没有考上。第二年,康巴尔汗也考取了乌兹别克塔什干舞蹈学校,同样,考试的时候尽管她没有干净漂亮的衣服,但是出众的歌舞能力让她脱颖而出。后来,妹妹也被转到塔什干舞蹈学校和姐姐一起学习。

在学校里的康巴尔汗十分珍惜这来之不易的学习机会,她和妹妹一起每天刻苦勤奋地学习,比别人付出更多的努力,同时舞蹈也给了她很多乐趣,所以,她如痴如醉地吸收着知识。很快,她和妹妹就成了学校里两颗"美丽的明珠"。

1939年,哈萨克斯坦阿拉木图红旗歌舞团来学校招聘演员,已经临近毕业并且品学兼优的康巴尔汗成了最佳人选,因此,她顺利进了团里并成为一名舞蹈演员。在红旗歌舞团她一边工作一边学习,她学习了乌孜别克族民间舞蹈和芭蕾,同时她的表演才能也赢得了团里同事与观众们的认可。康巴尔汗将她在团里学到的维吾尔族舞蹈带回家跳给妈妈看,想得到妈妈的称赞,但是妈妈摇了摇头,并给她跳起了另一种舞蹈,语重心长地告诉她,"这才是我们维吾尔族舞蹈"。康巴尔汗这才知道妈妈在做姑娘时曾经是个优秀的民间舞蹈家,只是因为成家养了孩子,出于封建礼教的约束,就不能再在人们面前表演了,甚至连说话的权利都没有。听了妈妈的话,康巴尔汗替妈妈感到惋惜,同时自己暗暗下定决心,以后要深入自己的民族,学习正宗的民间舞蹈。

1939年,莫斯科音乐舞蹈学院来红旗歌舞团招收学员,康巴尔汗以优异的成绩被选中,由此,她带上家人前往莫斯科继续自己的学业。在学院里,康巴尔汗除了学习俄罗斯和其他民族的民间舞蹈之外,还坚持对维吾尔族民间舞蹈进行搜集、整理和研究。康巴尔汗获得了很大的进步,她曾经参加在克里姆林宫为苏维埃代表大会召开举行的联合演出,在这次演出中,她与苏联著名舞蹈家乌兰诺娃同台并获得了对方的赞赏。康巴尔汗表演的维吾尔族民间舞蹈《林帕黛》,是她根据新疆传统乐舞《十二木卡姆》创作的,舞姿优美,韵味悠长,充分体现了维吾尔族舞蹈的特点。

1942年,学习期满的康巴尔汗婉拒了莫斯科音乐舞蹈学院邀请她加入苏联籍的建议,带着母亲和孩子回到了祖国的怀抱,并立即投入祖国的舞蹈建设中。同年5月,在新疆文化会举办的歌舞比赛中,康巴尔汗和妹妹表演的《林帕黛》和《乌夏克》获得第一名。1947年,康巴尔汗被新疆政府授予"人民演员"的光荣称号,纪录片《天山之花》记录了她优美的舞姿。同年,康巴尔汗作为主要演员,随"新疆青年歌舞团"赴南京、台湾、上海、兰州、杭州等地表演,深受欢迎,被誉为"维吾尔之花"。

1950年秋,新中国成立一周年庆典活动中,康巴尔汗给人民以及党和国家领导人表演了《盘子舞》《乌夏克》《打鼓舞》《解放军舞》等,都被收入《各民族大团结万岁》纪录片中。

除了在表演领域大放光芒,康巴尔汗很早就在教学方面做了准备工作。1942年,她刚回到祖国后就在塔城、乌鲁木齐等地举办培训班,进行舞蹈的推广工作。1951年,她受聘为西北艺术学院艺术系主任,从此开始了高校舞蹈教育的建设工作。在当时,国内高等舞蹈教育还是一片空白,一无教材,二无经验可以借鉴,民间舞蹈也处于人民自娱自乐阶段,传承大多是言传身教,从来没有人将这些散落的民间舞蹈搜集整理变成教材。面对这个情况,康巴尔汗在自己多年积累民间舞蹈资料和素材的基础上,组织学校的其他教师一起编写了西北地区中国民族民间舞蹈教材,为接下来的教育工作解决了教材的问题,并成功培养了两批学生,成为西北地区舞蹈教育的栋梁。

1954年,新疆学院艺术系开始了舞蹈专业的建设工作,康巴尔汗受邀担任系主任,同样,她为整个院系的发展制订教学计划、编写教材、组织教学等,为新疆的专业舞蹈教育奠定了基础。1958年,新疆艺术学校成立,康巴尔汗被任命为副校长。工作期间,她组织编写了三套系统的舞蹈教材,并培养了数届学生,为新疆的舞蹈教育工作提供了大批的优秀师资,如依不拉音江、热娜、玛丽娅木、海里倩木、热依汗等,日后都成为新疆文艺界的骨干。

康巴尔汗在组织编写维吾尔族舞蹈教材的时候,十分注重教材的系统性、民族性和创新性,她曾经说过,"不通过教育而加以理论化的艺术是未澄清的浑水"。因此,她十分注重在教学过程中根据规律安排教学计划和教学内容,用理论指导实践,同时又在实践中验证理论的正确性,从而确保教材的系统性和科学性。在教材的民族性方面,康巴尔汗深入新疆民间,跟随老艺人学习正宗的维吾尔族民间舞蹈,比如她曾经跟随民间艺人赫力其汗、拉比汗、阿克巴拉罕学习不同风格的"盘子舞",对它们进行比较后,再度创作,编出《盘子舞》;她还收集流传在伊犁的哈萨克、乌孜别克和蒙古族民间舞蹈,在此基础上改编出《打鼓舞》《解放的时代》等二十多个节目。康巴尔汗虽然学习过正统的芭蕾艺术，但是在她的教材中丝毫看不到芭蕾的影子，她建立起了纯正的维吾尔族舞蹈教学体系，并且在几十年的教学过程中，她不断从民间汲取营养，丰富教学体系，继承维吾尔族民间舞蹈的优良传统。

在教材的创新性方面，她改变了传统维吾尔族舞蹈被限于室内跳舞的旧俗，同时将约束维吾尔族女子情感的动作——比如表演时目光只能向下看、手的动作不能超过额头、跳舞时不可以裸露身体的任何部位包括胳膊等革除。她在跳舞时，高扬起裸露的双臂，灵活运用眼睛和眉毛，配合手、臂、腰、肩部的动作，将维吾尔族舞蹈的活泼、俏皮、温婉和美丽充分地绽放出来。在康巴尔汗的长期努力下，维吾尔族舞蹈逐渐形成了典雅、庄重、稳健、古朴的风格，这既是新时期维吾尔族舞蹈的风格，也是康巴尔汗个人审美意识的凝结。

康巴尔汗将她一生的心血贡献给了新疆的舞蹈表演和教育事业，对挖掘新疆民间舞蹈和培养新时期舞蹈教育人才做了重要的贡献，即便是在"文革"时期受到了重创和打击，也没有磨灭她对民族舞蹈建设的热情。1993年，70多岁的她参加了新疆艺术家们的南疆巡演，她随团走遍了库车、阿图什、阿克苏、疏勒、喀什、和田，三十多场演出一场没落，每场演出都用心为观众表演，和观众交流，她说她要用自己的舞蹈为可敬的人民送上祝福。

除了参加表演和主持教学工作外，康巴尔汗还历任新疆维吾尔自治区委员会副主席、中国文学艺术界联合会副主席、中国文学艺术界联合会新疆分会副主席、中国舞蹈家协会副主席、中国舞蹈家协会新疆分会主席等职务，她用勤奋的一生推动了新疆乃至整个中国民族民间舞蹈的建设，是新疆舞蹈的一代宗师。

草原舞王——贾作光

生卒年：1923—2017

国籍：中国

成就：著名舞蹈表演艺术家、编导，北京舞蹈学校创办人之一。率先整理、提炼了蒙古族民间舞蹈元素，并编成作品搬上舞台，为蒙古族乃至中国民族舞蹈教育的系统化、专业化发展做出贡献，是现代中国舞蹈的"四大国宝"之一

贾作光，1923年4月1日生于东北沈阳一个富有的家庭，父亲在省立高中图书馆当馆长，母亲曾是一个富家小姐，婚后一直相夫教子，照顾家庭，家中兄弟姊妹众多，他有两个哥哥、两个姐姐和一个妹妹。幼年时他家经济条件很好，家教也很严格，父亲还聘请了家庭教师来给孩子们上课，所以家里的几个孩子在童年时期都曾经接受过良好的教育。父亲还时常带一些艺术类图书回家给孩子们学习，贾作光的艺术启蒙就是由此开始的。

幼年时的贾作光精力旺盛、活泼爱动，尤其喜欢农村的各种节庆活动。那时东北农村比较流行社火，比如"秧歌""狮子""旱船""大头娃娃戏柳翠"等，贾作光常常乐在其中并模仿演员们进行表演，惹得家中人哈哈大笑。7岁时，贾作光进了小学，由于他爱动爱表演，老师便推荐他参加学校的表演活动，比如他参加过黎锦晖的《麻雀与小孩》《葡萄仙子》《小小画家》等作品的表演，有时候是扮演男孩，有时候则是扎上小辫反串女孩，这些表演经历更加激发了他对艺术的兴趣。

1937年，"九一八"事变之后日军侵占了沈阳，并进一步侵占了东北三省。受此影响，贾作光的家境陷入衰败，不久父亲抱病离世，家中的情况更是雪上加霜，为了养活家中的孩子们，母亲给别人帮佣，而孩子们也纷纷想办法替家里分担困难。贾作光去捡煤渣、卖烟卷、做学徒等，小小年纪便体会到了生存的艰辛。后来家中的大姐出嫁，姐夫是经营煤厂的，能稍微接济家中一些。1937年，日本人为了宣传日本文化，在长春开了"满洲映画协会"（简称"满映"），同时开办"满洲映画协会演员训练所"，为协会培养演员。出于生活的压迫以及对艺术的热爱，1938年，贾作光报考了第三期满映培训班并顺利考取。

在培训班学习的时候，贾作光有机会接触了现代舞大师石井漠。石井漠是日本著名的舞蹈家,他早年就学于东京帝国剧院歌剧团附属的芭蕾舞学校,并自学了瑞士音乐家达尔克罗兹的"人体律动操"。1922年,石井漠曾前往欧美学习玛丽·魏格曼和丹尼斯-肖恩的现代舞,他的舞蹈思想比较开明,不受循规蹈矩的芭蕾所限制。尽管此时日本和中国的关系敌对,但是在课堂上,石井漠说:"我是艺术家,只讲艺术,我是来培养艺术家的。"因此,撇开政治因素,贾作光在这个时候受到石井漠关于现代舞的启发。贾作光在满映时期学习了芭蕾、现代舞基训、朝鲜族舞和日本民间舞,也学习了表演和编导,接触了欧洲的音乐和舞蹈艺术,这为他后来的创作奠定了基础。1938年,他尝试着创作了一个现代舞《迷途的羔羊》,用一个饥寒交迫的迷途羊羔来比拟当时困顿中的国人状态。同年,他又创作了《狼与羊》和《渔光曲》,都是反映当时社会现实的舞蹈作品。

1943年,在地下党和进步学生的帮助下,20岁的贾作光接触到了毛主席《在延安文艺座谈会上的讲话》,目睹了家乡和亲人们所受到的日本侵略者的侵害,他参加了传播共产主义思想、不做亡国奴的宣传活动。1945年,为了躲避日本人抓丁的暴行,他前往天津姑妈家,后来又去了北平,与进步青年频繁交往。国家的苦难让他渴望祖国的早日解放和独立,他先后创作了《苏武牧羊》《少年旗手》《国魂》《故乡》《魔》等作品,表达他的爱国思想。1947年,他辗转来到哈尔滨,在这里他认识了中国现代舞先驱吴晓邦先生,并跟随吴晓邦先生到内蒙古乌兰浩特参加了文工团,由此结下了他与内蒙古大草原的一世情缘。

刚到内蒙古时,贾作光很不适应当地的生活习惯,既吃不惯羊肉,也不了解当地的民间舞蹈。他曾经用西班牙舞和查玛舞元素为牧民们表演了自己想象中的《牧马舞》,但是没有得到观众的认可。年轻的他还不服气,认为是观众不懂,但是随着在当地生活时间的增长，生活阅历的增加，贾作光渐渐改变了自己的认识，他从现实生活出发修改了《牧马舞》，最终得到了牧民们的一致赞扬，这个舞蹈作品后来成为他的经典作品之一。1994年，《牧马舞》和《鄂尔多斯》《海浪》一起获得了"二十世纪舞蹈经典金像奖"。

1948年，内蒙古文工团建立舞蹈队，贾作光担任了队长的工作，他在深入民间生活的基础上，又创作了《马刀舞》《鄂伦春舞》等作品，在内蒙古地区获得了群众的认可。1949年，为了庆祝新中国的成立，他又创作了男子独舞《雁舞》和群舞《献花舞》《春耕舞》。同年，他参加了中国青年文工团，在第二届世界青年联欢节上，他参与编导的作品《大秧歌》获得了特等奖，他参加表演的《腰鼓舞》获得了特别奖，首次在国际上为我国的民间舞蹈赢得了声誉。之后，文工团在莫斯科大剧院进行表演，贾作光表演了《牧马舞》，俄国芭蕾艺术家乌兰诺娃也同台演出，并对他的表演给予了高度赞扬。

在20世纪50—80年代，贾作光又陆续创作了《幸福的孩子》《哈库麦舞》《索伦舞》《慰问袋》《挤奶员舞》《鄂尔多斯》《幸福的花朵》《牡丹花开凤凰来》《满园春色关不住》《灯舞》《嘎巴》《盅碗舞》《鸿雁高飞》《彩虹》《马刀飞舞》《牧民见到毛主席》《喜悦》《鹰》《万马奔腾》《海浪》《任重道远》《青竹翠绿的时候》《欢乐》《火的遐想》《希望在瞬间》《青年牧马人》《蓝天的诗》等几十部作品。贾作光从生活出发，为人民，特别是蒙古族人民创作了大量优秀的舞蹈作品，并在多项国际比赛中为祖国赢得了荣誉。

十年"文革"期间，贾作光作为内蒙古自治区艺术界领导人也受到了严重的影响。红卫兵抄了他的家，将他抓起来进行隔离与批斗。一开始，贾作光想不通，他抗拒、斗争，甚至打算以死表明自己的清白，但是命运的眷顾将他从死亡线上拉了回来。之后,他想通了,不再挣扎,选择了接受命运。他在被下放的基层积极劳动,并创作了《鸿雁高飞》,尽管为此他又受到坏人们的批判和诬陷,但他没有屈服。1975年,他又编创了《马刀飞舞》,在艰苦的环境中放飞他的艺术理想。终于,他等来了"四人帮"被粉碎的好消息,他又可以自由地跳舞了。

贾作光曾经担任内蒙古文工团副团长、中央民族歌舞团副团长、内蒙古艺术剧院院长兼党委书记、内蒙古文联副主席、内蒙古舞协主席、北京舞蹈学院副院长、北京舞蹈家协会名誉主席等职务,担任《中国大百科全书》舞蹈编委会委员兼中国少数民族舞蹈分支总编、首届中国舞蹈"荷花奖"国际标准舞大赛组委会主任,是新中国舞蹈文化建设的骨干力量。

晚年,90多岁的贾作光老师仍然热心于各种活动,担任比赛评委,参加文艺活动,录制电视节目,甚至还经常在舞台上一展身手,翩翩起舞。可敬可爱的贾老师用他的热情为人们带来温暖,也用他的舞蹈激励教育了一代又一代人。他对蒙古族舞蹈的贡献尤其巨大,是他将蒙古族舞蹈的拱肩、硬肩、揉臂、滚肩、碎抖肩、挤奶、梳头、马步等舞蹈元素从生活中提炼出来,形成了"贾作光舞蹈语言体系",这些也成为蒙古族舞的代表性动作。他在几十年的舞蹈实践中,总结出了自己的十字美学思想,那就是"稳、准、敏、洁、轻、柔、健、韵、美、情",并特别强调"情"字在表演中的重要性,要求"情寄于舞,舞表于情,形神兼备,情舞交融",在技巧的基础上更注重情的表现,这样才能感染观众,形成好的作品。贾作光用他的热情和天赋照亮了中国民族民间舞蹈的一方天空,被群众亲切地称为"草原的儿子""草原舞王"。

2016年6月,贾作光先生受邀在《光荣绽放——十大舞蹈家舞蹈晚会》上亮相。这是他生前最后一次出现在公众面前,尽管此时坐着轮椅的他正受到病魔的侵袭,但他用尽了所有力气大声地跟观众们说:"我们是人民母亲哺育成长起来的舞人,我如果没有病,我还能够为大家服务,摆动双手,活动两条腿,好好地给大家服务,但是今天没有这个条件,腿不好使,但是我心里还想为大家表演。我们文艺工作者,应该好好地、认真地向人民母亲学习!"2017年1月6日,噩耗传来,敬爱的贾作光老人离开了我们,享年94岁。悲伤与不舍之余,让我们牢记他生前的话语:文艺工作者应该好好地、认真地向人民母亲学习,为人民服务。

上海芭蕾第一人——胡蓉蓉

生卒年：1929—2012

国籍：中国

成就：中国最早一批接受芭蕾教育的舞者，上海舞蹈学校创建者之一，培养了大批优秀的芭蕾舞者。芭蕾舞剧《白毛女》的主创人员，最早为芭蕾的民族化发展做出探索

在20世纪30年代的美国，有一名叫秀兰·邓波尔的童星，她不仅会唱歌、跳踢踏舞，还有非凡的表演天赋，七岁时就获得了奥斯卡特别金像奖。在同一年代的中国上海，也有一个既会跳舞又会唱歌、演电影的小女孩，她叫胡蓉蓉，仅仅比邓波尔小一岁，她被称为"东方的秀兰·邓波尔"。

虽然都是童星，但是胡蓉蓉并没有像邓波尔一样一直在电影领域里发展，而是将注意力逐渐集中到她十分热爱的舞蹈事业上，把她的一生都奉献给了芭蕾表演和教育事业，尤其是将上海的芭蕾艺术提高到了国际的高度。

胡蓉蓉，1929年2月18日出生在上海一个笃信基督教的家庭，她的父亲胡归芬原本是江苏宜兴人，后来因为工作的原因，举家迁往上海经营航运业务。胡归芬是一个热爱生活、富有文艺气质的人，他常常在业余时间里去上海的基督教会里讲道，同时将自己从法国购置的有关耶稣和《圣经》的故事片，通过小型放映机、幻灯片播放给教友们看。到上海两年之后，他的原配妻子不幸病故，留下了一男一女两个孩子。之后，经人介绍，胡归芬又迎娶了出生于香港的教友李修正。这个李修正不仅会讲一口流利的英语和广东话，还喜欢唱歌和唱戏，是出了名的女高音。婚后，她一口气为胡家先后生了七个孩子，但只存活了五个，胡蓉蓉排行老二。

因为胡归芬和妻子都是虔诚的基督教徒，同时又热爱音乐和舞蹈，所以，除了家中的生活非常规律和有条理外，胡蓉蓉和其他姊妹们的业余生活也被安排得丰富多彩。胡归芬给孩子们买了两个儿童手风琴，让她们在教堂唱歌的时候自己伴奏用，还常常带孩子们去家附近的兰心、九星等剧院看电影。上海大世界的歌舞演出是胡蓉蓉的最爱，她常常模仿演员们一蹦一跳地舞蹈，给大家带来很多的欢乐。

1934年,俄国芭蕾大师尼·索考尔斯基和妻子博朗诺娃一起在上海开办了一个芭蕾舞学校,这是上海乃至全国第一所芭蕾舞学校,离蓉蓉家只相隔半条马路。李修正在跟爱人商议过后,决定送喜欢跳舞的蓉蓉去那里学习,蓉蓉也很高兴地接受了妈妈的安排,从此开始了她的芭蕾生涯。

索考尔斯基和博朗诺娃都毕业于俄国帝国芭蕾舞学校,拥有纯正的俄国古典芭蕾教育背景。索考尔斯基的教学风格比较温和,胡蓉蓉比较喜欢,但是博朗诺娃则相对比较严厉,不容学生有半点错误,胡蓉蓉不是很喜欢,但恰恰是这种严格的教学方法为她打下了扎实的舞蹈基础,同时为她以后的严格教学建立了一个模范。

1935年,胡蓉蓉同父异母的哥哥胡心灵从日本明治大学毕业回上海后,便在父亲投资的文化影业公司筹备拍电影事宜。他的女朋友龚秋霞是当时非常有名的歌、舞、影三栖明星,在拍摄公司的奠基之作《父母子女》时,女主角由龚秋霞扮演,胡蓉蓉则被临时拉来客串扮演女主角的妹妹,没想到她的表演能力大大超出大家的想象,效果特别好,得到了大家的一致赞赏。1936年,电影拍摄完成,在首映前,为了宣传影片,胡心灵请专业老师为龚秋霞和胡蓉蓉各编了一段舞蹈,让她们在大剧院给观众表演。蓉蓉跳的是《洋囡囡舞》,凭借着这支舞和在电影中的精彩表现,蓉蓉一下成了全国瞩目的小明星,片约也纷至沓来。不久,上海明星影业公司邀请蓉蓉拍摄了贺岁片《压岁钱》,里面她表演了唱歌和踢踏舞。1937年年初,这部影片在全国12个城市播出之后,蓉蓉被誉为"东方的秀兰·邓波尔"。

1938年,明星影业公司邀请蓉蓉拍摄了《哥儿救母记》《小侠女》等电影,蓉蓉在其中都有不俗的表现。眼看着才9岁的蓉蓉已然成为炙手可热的电影小明星,父亲胡归芬有些不安了,由于拍电影占用了她越来越多的时间，小小年纪的蓉蓉能够用来读书的时间越来越少，这和胡归芬对子女的要求是背道而驰的，因此，1939年，他对社会公开发表一个声明："胡蓉蓉将于1939年起，脱离电影生活，谢绝任何影片公司的拍片邀请，同时对一切戏剧团体、职业或非职业性的公演，也一概谢绝参加。"声明发出之后，胡蓉蓉的生活归于平静，她从光辉耀眼的舞台又退回了安静朴素的校园。正是父亲的这个决定，让蓉蓉可以把更多的时间用在学习上，她的芭蕾课由以前的每周一两次增加到了每周五次，每周要学习芭蕾基训、外国代表性舞以及毯子功。蓉蓉天性喜欢跳舞，因此，练功时的苦和累她都不觉得，所有课程她都学得很好。

索考尔斯基夫妇在舞蹈学校的基础上还创办了一个"俄国芭蕾舞团"，舞团每年都会有许多的演出机会，蓉蓉曾经参加过《天鹅湖》《睡美人》《唐·吉诃德》《胡桃夹子》等多部芭蕾舞剧的演出。大量的演出为她积累了丰富的演出经验，也为她以后从事舞蹈编导工作奠定了基础。

1940年，胡蓉蓉的爸爸因病去世，养活一家十口人的任务落到了大哥和大嫂的肩上，尽管家里经济并不宽裕，哥嫂依然支持蓉蓉学习芭蕾。1947年，蓉蓉完成上海女中的高中课程，考入震旦女子文理学院社会学系，这年的暑假，她以主演的身份参加了舞剧《葛蓓丽娅》的全剧演出。同年，哥哥和嫂子相继离开上海，前往香港某影片公司工作，养家的任务就落到了二哥身上。

1950年，为了分担家庭的负担，21岁的胡蓉蓉在家里开办了一个芭蕾培训班，自此开始了她60多年的舞蹈教育生涯。同年，她在中国福利会儿童剧团和上海行知艺术学校担任教员，同时还跟俄国老师尼克西尼科娃继续学习芭蕾和现代舞。在后来漫长的教学岁月中,她陆续担任了上海舞蹈学校校长、上海芭蕾舞团团长、全国文联委员、第一届中国舞蹈家协会上海分会主席和上海市全国人大代表。她在担任教员和校长期间,培养了汪齐风、辛丽丽、杨新华等舞蹈明星,同时为北京舞蹈学校、铁路文工团、北京戏曲学校、上海行知艺术学校以及上海舞蹈学校输送了不少优秀学员。1980年5月,她在担任上海芭蕾舞团团长时,以教练、评委和领队三重身份带领选手参加国际芭蕾比赛,并为中国赢得了第十四名的成绩,这是中国芭蕾首次参加国际比赛并获奖。作为编导,她带领同事和学生共同编排了大型芭蕾舞剧《白毛女》和《雷雨》,为芭蕾的民族化、中国化做出了最早的探索并取得了傲人的成果。

自1990年起,蓉蓉多次担任"上海市白玉兰戏剧表演艺术奖"评委,并被聘为上海"文学艺术奖"评审委员会会员。可以说,胡蓉蓉为推进上海乃至中国的芭蕾教育做出了重要贡献,但低调的她从没有炫耀过自己的成就,她说:"我这一辈子,其实只做了一件事,就是通过不断地创作和舞台实践,让我的学生爱上芭蕾,并把这份热爱传播给更多的中国观众。"

但可能是多年的教学和编导工作过于劳累,自2005年起,蓉蓉被查出患有乳腺癌,由于忙于工作,没有及时得到确诊,当得知病情时,已经是癌症中晚期。经过化疗之后,闲不住的她又出现在课堂和工作岗位上,导致2009年病情恶化,并于2012年3月30日病逝,享年83岁。同年5月6日,上海芭蕾舞团在逸夫舞台演出了胡蓉蓉的主创作品《白毛女》,以此缅怀她为中国芭蕾事业所做出的贡献。

主要参考文献

[1] 欧建平.外国舞蹈史及作品鉴赏[M].北京:高等教育出版社,
    2008.

[2] 江东,祝嘉怡.图说世界舞蹈[M].长春:吉林人民出版社,
    2009.

[3] 欧建平.外国舞坛名人传[M].北京:人民音乐出版社,1992.

[4] 中国大百科全书出版社编辑部,中国大百科全书总编辑委员
    会《音乐舞蹈》编辑委员会.中国大百科全书:音乐舞蹈[M].2
    版.北京:中国大百科全书出版社,1998.

[5] 戴爱莲,罗斌,吴静姝.戴爱莲:我的艺术与生活[M].北京:人
    民音乐出版社,2003.

[6] 戈兆鸿.芭蕾女神——乌兰诺娃[M].上海:上海音乐出版社,
    2000.

[7] 贾作光,罗斌.雁在说——贾作光自传[M].上海:上海音乐出
    版社,2014.

[8] 王克芬.中国舞蹈发展史[M].修订本.上海:上海人民出版
    社,2003.

[9] 正一的博客.http://blog.sina.com.cn/u/1928821072.

[10] 中国艺术研究院舞蹈研究所资料室.中国当代舞蹈家的故
    事[M].北京:人民音乐出版社,1987.

[11] 朱立人.西方芭蕾史纲[M].上海:上海音乐出版社,2004.

[12] 王克芬,董锡玖,刘凤珍.中国古代舞蹈家的故事[M].北京:
人民音乐出版社,1983.

[13] 杨洁.芭坛奇葩舞中华[M].上海:上海锦绣文章出版社,
2013.

[14] 吴晓邦.新舞蹈艺术概论[M].北京:中国戏剧出版社,1982.

[15] 鲍·里沃夫-阿诺兴.乌兰诺娃[M].吴启元,译.北京:艺术出
版社,1957.

[16] 柏纳德·泰.巴兰钦传[M].魏孟勋,蓝凡,译.上海:上海音乐
出版社,1990.

[17] 若望-乔治·诺维尔.舞蹈和舞剧书信集[M].管震湖,李胥
森,译.上海:上海文艺出版社,1982.

[18] 伊莎多拉·邓肯.生命之舞——邓肯自传[M].蔡海燕,凌喆,
译.杭州:浙江文艺出版社,2010.

[19] KELLY B.A personal memoir of marie Rambert[M].Great Britain:
Latimer Trend and Company Ltd,Plymouth,Devon,2009.

后　记

　　四十三位舞蹈家,不足以概括所有在舞蹈行业有突出成就的人,他们以及那些本书没有提到的舞蹈家如耀眼星辰般点缀着人类的天空,他们的生命虽然短暂,但他们通过锲而不舍的努力,对舞蹈事业做出的贡献流芳百世、功垂千古。一个伟大的艺术家除了在专业上有所成就之外,更重要的是拥有宽广的胸怀和璞玉般的美德,相信阅读本书,可以让我们在赞叹舞蹈家的同时,时刻激励自己对生命、对艺术的敬畏。